01 S

Renan

de Tréguier

13, rue Maurice-Adrien
37540 Saint-Cyr-sur-Loire
Dépôt légal : 2e trimestre 1999
ISBN 2-86808-132-0
ISSN 1151-5945

JEAN BALCOU

Renan

de Tréguier

Photographies
de
JEAN HERVOCHE

Mise en page
et couverture de
JEAN-JACK MARTIN

CHRISTIAN PIROT

É   D   I   T   E   U   R

J E A N　　B A L C O U

Jean Balcou est né au pays de Tréguier, le pays même de Renan. Il est professeur de littérature française à l'Université de Bretagne occidentale (Brest). Sa spécialisation est l'étude du XVIIIe siècle auquel il a consacré sa thèse. Mais son ancrage bas-breton l'a amené à s'occuper des littératures ayant trait à la Bretagne. Il a co-dirigé avec son collègue historien Yves Le Gallo la monumentale Histoire littéraire et culturelle de la Bretagne *(1987, rééditée en 1997). D'autre part, son ancrage trégorois l'a conduit à se passionner pour Renan sur lequel il a publié particulièrement* Renan et la Bretagne *(1992),* Renan un Celte rationaliste *(1998). Il a en charge l'édition de la* Correspondance générale *dont les deux premiers volumes ont paru, le second couronné par l'Académie des sciences morales et politiques. L'ouvrage que voici se veut lecture déployée de l'extraordinaire aventure intellectuelle dont la maison érigée en musée garde la mémoire vivante.*

J E A N　　H E R V O C H E

Jean Hervoche réalise sa première exposition personnelle à "l'Imagerie" à Lannion en 1978. Il a depuis exposé dans les principales villes de l'ouest. Ses travaux sont essentiellement consacrés au Portugal et aux pays celtiques. Il a publié plusieurs albums : Bretagne, espaces et solitude *aux éditions Picollec,* Un Donjon et l'Océan, la Bretagne de Chateaubriand *aux éditions Artus, et* Bretagne, entre vents et amers, *aux éditions Apogée. Il présente une importante galerie noir et blanc dans* Highlands and Islands, *album collectif consacré à l'Écosse, également aux éditions Artus. Il collabore à la collection " Maison d'écrivains ", dont il a illustré plusieurs volumes.*

à Josette

Tréguier Minihy

1

« *N'an n'eus ket e Breiz, n'an n'eus ket unan*
N'an n'eus ket eur zant evel sant Erwan

. . . .

N'an n'eus ket e Breiz eun iliz ken kaer
Hag e iliz-veur e ker Landreger »

(*Il n'y a pas en Bretagne, il n'y a pas un seul*
Il n'y a pas un saint pareil à saint Yves

. . . .

Il n'y a pas en Bretagne, une église si belle
Que sa cathédrale dans la ville de Tréguier)

(*Cantique de saint Yves*, XIXᵉ siècle).

« T RÉGUIER, MA VILLE NATALE » :
ainsi s'envolent les premières notes des *Souvenirs d'enfance et de jeunesse* qu'Ernest Renan publie en 1883 et qui sont un fleuron de notre littérature. Il s'était mis pour les composer sous l'inspiration du grand poète qui avait ébloui ses vingt ans, Goethe, et dont il reprenait la formule : « Ce qu'on dit de soi est toujours poésie ».

Mais c'est que lui-même y était poussé par son propre pays, le pays où il naquit en 1823, qu'il quitta pour Paris en 1838, où il revint à cinq grandes vacances de sa jeunesse de 1839 à 1845, qu'il finira bien par revoir un jour, et qui n'en finissait pas, n'en finit pas de recomposer sa mémoire. On ne peut, quand on a lu les *Souvenirs*, évoquer désormais Tréguier sans vibrer à ce filtre magique. Mais le tableau est là, poème original exaltant au regard le génie d'un lieu.

Il y a d'abord le surgissement de la ville en amphithéâtre. Il faut la voir, des coteaux de Trédarzec, à l'heure où le Jaudy redevient la mer, en jaillir vergues déployées, haut mât à hauteur d'un ciel qu'on dirait s'être recueilli pour elle. Sur l'esplanade surélevée trois tours se dressent, la première rehaussant la seconde pour que s'exalte la flèche irréprochable. Et c'est toute une ville-cathédrale que la mer a soulevée avec ses gréements étagés. Et ce qui apparaît alors c'est bien, dans cette vision d'arche monumentale, comme un archétype d'*exaltation*. Tréguier, une citadelle de l'esprit.

Le choix de l'emplacement, son « templum », au creux d'un aber de trois lieues de côtes, là où le Jaudy vient s'amarrer au Guindy, est imposé par la configuration même du terrain. L'éperon granitique fait figure de proue dans ce val-asile suffisamment situé loin du large, avancée d'un plateau

s'élargissant en triangle pour s'incliner douce-
ment sur l'arrière. Dès le Ve siècle des migrants
« transmarini » répondirent à ces signaux telluri-
ques. Un monastère consacra le territoire dont
Tugdual fut, selon la légende, le père fondateur,
autrement dit un évêque, mais qui ne lui légua pas
son nom.

Ce n'est qu'à la fin du XIIIe siècle que s'inscrit
dans les archives l'appellation de « cité de Lantré-
guier » et seulement à la fin du XIVe qu'on voit
« Tréguier » former avec le « Minihy-Tréguier »
l'importante paroisse de « Ploulantréguier ».
Étonnante toponymie ! Le « plou » traditionnel
(« monastère ») annonce un « lan » qui signifie
également « monastère » mais qui, en fait, renvoie
au vieux breton « nan » qui signifie « vallée »,
« Tréguier » enfin qui par suite d'une série de variations remonte, d'après les spécialistes, à un
ancien « Tricorio », de « tri » (« trois ») et « co-
rio » (« troupe armée »). Les « Tricorii » seraient
la peuplade gauloise fondatrice de ce « pagus »
de « Tréguier » dominé, comme on voit, de toute
une symbolique du chiffre « trois ». Mais si la
ville est maintenant si arrimée à l'arrière-plateau
du « Minihy », autre « asile », c'est qu'un événement prodigieux, comme « miraculeux », vient
de s'y produire : l'apparition d'un saint, saint
Yves, né en 1253, mort en 1303, canonisé en
1347.

Dès lors, toute l'histoire de Tréguier en est transfigurée. Non que la cité doive devenir importante, qui restera toujours, alors que l'impression du visiteur est tout autre, une très petite cité. Mais parce que Minihy a fait de Tréguier le pays de saint Yves. Il s'agit désormais d'un bel évêché et bientôt l'ancienne cathédrale unie à son palais et à son cloître formera un triptyque d'une rare séduction. Un document exceptionnel du XIVe siècle, le *Formulaire de Tréguier*, qu'annotera Renan, révèle combien l'activité spirituelle de Tréguier entraîne l'économie. Le port se développe à la fois pour le trafic maritime et pour les pèlerinages à saint Yves. Dès les débuts s'installe une imprimerie vite renommée. Tout le reste suivra, couvents et institutions, le collège ecclésiastique, qui fera de l'histoire de Tréguier une histoire, avant tout, culturelle.

Mais il n'est pas de beau destin qui ne soit à douleur, de poème sans souffrance. Voici d'abord les envahisseurs normands qui brûlent tout sur leur passage. Et voici les Anglais qui punissent la ville pour avoir soutenu, lors de la « guerre de succession de Bretagne » le parti des Français. Voici maintenant les Ligueurs qui ravagent Tréguier qui a osé rester fidèle à Henri IV. Et voici, pour finir, la Révolution qui supprime l'évêché avant que les hordes de la Terreur ne viennent mettre à sac la cathédrale. Mais en était-ce fini de Tréguier ainsi à genoux ? Le XIXe siècle, le siècle de Renan, fut certes longtemps pour Tréguier un temps de décadence. Mais temps propice toujours pour les choses essentielles.

Quelles choses essentielles ? Le poème de Tréguier semble se dérouler comme le chant irréversible d'une Église omnipotente, dominatrice, propriétaire d'éternité. Ce qui éclaire, par mouvement inverse, l'autre versant, l'inévitable *verso* pourrait-on dire. D'où vient l'étrange émotion qui nous saisit quand nous errons par les ruelles de la vieille cité ? On se sent soudain écrasé par la masse de ces murs conventuels, par toutes ces pierres suintant de prières. Alors la ville semble se ramasser sur elle-même, étouffer de froid sous le ciel gris, et la flèche n'exalte que pour quelque rébellion. La cathédrale même se sent ébranlée par des croix qui s'effondrent. On se dit que saint Yves après tout était un rebelle quand il prenait le parti des pauvres, des droits de l'humilié. Le dernier évêque de Tréguier, Monseigneur le Mintier, l'un des évêques les plus réactionnaires du temps, ignorait qu'à son ombre, dans les proches ruelles sombres, un de ses acolytes, l'abbé Sieyès, méditait sa fameuse brochure *Qu'est-ce que le Tiers-État ?* La ville que connut Renan, dont l'isolement était encore accru par l'absence de tout pont sur les rivières, avait beau se retrouver alors recroquevillée sur elle-même, avenir grisaillant, les forces de l'esprit n'en continuaient pas moins d'y travailler selon leur pente originelle.

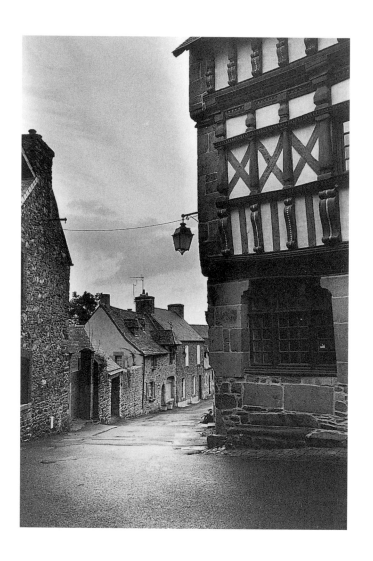

La maison natale

2

« *Une maison paysanne serrée entre deux rues moyenâgeuses. Une chambre basse au rez-de-chaussée dans laquelle sa mère serrait contre elle la frêle créature. La pauvreté partout.* »

(Henriette Psichari,
Renan d'après lui-même).

L'IMPRESSION qu'on éprouve devant la maison natale de Renan à Tréguier est assurément de surprise. Même quand on croit la connaître, qu'on la connaît depuis longtemps. Maison en trompe-l'œil, maison gigogne, elle est multiple, trop riche. En même temps elle a quelque chose d'unique, d'irremplaçable, qui fait que cette maison de quelqu'un qu'on a traité de Judas, d'antéchrist, de tous les noms qu'une bouche chrétienne peut vomir, dont le livre *Vie de*

Jésus a, en 1863, provoqué le glas dans des églises, que cette maison a d'elle-même sa place à Tréguier.

Cette maison est maintenant propriété de l'État, musée national. Mais s'il faut commencer la présentation de ce point de vue, il faut aussi en faire l'historique. La superbe façade que le visiteur voit apparaître devant lui, rutilante d'ocre rouge, quasi mozartienne, torsadée de pans de bois, avec ses deux étages en encorbellement comme portés par leurs poutres de gloire, c'est l'œuvre des architectes de 1992, année du centenaire de la mort de l'écrivain. La réaction est inévitable : cette maison est maison de maître, l'une des plus belles de la ville ; on devait être très aisé pour pouvoir y habiter ! Mais revenons à l'avant 92 : rien de l'ocre rouge torsadé, pans de bois jaune délavé et à plat. En revanche, les trois lucarnes regardant par-dessous le toit ont été éliminées. Tel était le devant restauré par les architectes de 1947. Classée en 1944, donnée à l'État en 1946, à l'exception de deux pièces privées à droite du corridor, pour les petites-filles de Renan, Henriette Psichari et Corrie Siohan, puis pour les descendants, c'est, en effet, cette année-là, que la maison fut officiellement transformée en musée. Et maintenant revenons à l'avant 47. Les quatre poutres de bois soutiennent une lourde façade toute enduite, recouverte de crépi. Une plaque de granit de Kersanton, au-dessus de la porte d'entrée, sous la deuxième fenêtre, y avait été apposée en 1896 par les soins d'Ary Renan, le fils de l'écrivain. Elle portait en belles lettres d'or la belle inscription :

« Ernest Renan
De l'Académie française
Administrateur du Collège de France
Ancien élève du Collège de Tréguier
Est né dans cette maison
Le 28 février 1823 ».

Un médaillon aux traits de Renan y est incrusté. Plus tard deux petites plaques de bronze viendront encadrer la grande plaque : celle d'Ernest Psichari, le petit-fils de Renan, tué en 1914 et celle de son frère Michel, tué en 1917. Cet ensemble se trouve aujourd'hui au fond du corridor du musée. Ainsi les plus anciennes photographies sont celles de la façade de crépi totalement nu aux hautes fenêtres espacées. Il a donc fallu un siècle pour ce retour rutilant. Mais la maison n'avait-elle pas déjà cette rutilance en ce XVIe siècle polychrome de sa construction ? Même la salle d'entrée s'est remise à l'unisson : centre d'accueil et d'information, librairie, tout un Renan rénové, un sacré coup de jeune... Comme aux débuts lointains, on dirait, quand s'ouvrait le magasin.

Il faudrait maintenant un Balzac pour poursuivre les présentations en reconstituant l'histoire de ces Renan dont le nom s'identifie à cette maison. Le titre est tout trouvé, du genre : « la faillite de l'armateur ». Magnifiquement située au point où la Grand-Rue, ahanant de son trafic, se repose avant de rejoindre le terre-plein de la cathédrale, elle est elle-même entrepôt et vigie. On s'en rend compte encore plus en considérant la façade qui donne à l'arrière sur le jardin. Il semble que le devant ait voulu se ramasser pour mieux découper dans le ciel cette masse élancée. Ici les architectes n'ont guère eu à modifier. De hautes fenêtres se font gracieusement équilibre pour remonter, au troisième étage, vers deux toutes petites sœurs coiffées d'un chapeau pointu d'ardoises : c'est le « belvédère » d'où l'armateur surveille les mouvements de la marée et du port. Le mur géométrique est composé de pierres composites que les lumières du temps recomposent sans cesse. À son pied s'allonge un jardin si gentil qu'on dirait un « jardin de curé » mais qui, en réalité, comme en témoigne, par exemple, la trace sur le mur de droite du four à pain, fut, avec la cour, longtemps un espace d'activités. Le 17 juin 1780, la comtesse de Calan avait vendu pour 2 850 livres payés comptant « en espèces d'or et d'argent et autres monnaies du cours » à « Allain *(sic)* Renan et Renée Le Maître (les grands-parents d'Ernest) son épouse, négociants demeurant en la ville de Tréguier, (...) le fonds droits et propriété d'une maison roturière cour jardin appartenance et dépendances situés grand-rue de cette ville de Tréguier paroisse de Saint-Sébastien, donnant du levant sur la rue Stanco de la même ville, du couchant occupant la maison de Madame de Séchan et du nord sur la grand-rue dudit Tréguier. » Au mariage en 1807 de leur fils Philibert, « capitaine de navire au long cours », avec Madeleine Féger dite Manon Lasbleiz, de la bonne bourgeoisie de Lannion, l'établissement semble toujours assez florissant et c'est maintenant l'épouse, reconnue comme « marchande », qui s'occupe du commerce.

Un Balzac serait plus que jamais fructueux pour dramatiser les raisons qui ont amené les parents d'Ernest Renan à ce qu'il faut bien appeler une « faillite ». Raisons aussi multiples que concordantes. Politiques : les Renan, qui trafiquaient surtout du maritime malgré les grosses commandes du collège alors en plein essor, sont victimes des guerres de l'Empire puis de l'étranglante Restauration. Économiques : Philibert voyait trop vaste, trop aventureux, alors que le cabotage allait en déclin. Personnelles surtout : une mère impratique au commerce, un père qui creuse son trou, qui sombre dans la boisson. « Je suis né d'une méprise », avoue Ernest, le tard venu, treize ans après Alain et onze après Henriette, enfant de vieillissants, non désiré, né avant terme, condamné. L'inévitable : le suicide probable au large d'Erquy, en juin 1828, du père. Rien de plus implacable que l'Extrait du bureau de l'enregistrement de Tréguier, du 24 septembre, au lendemain de la reconnaissance du décès. La liste est triste de tous ces biens qui restent, meubles, objets, linges etc., dont le prix est estimé à 1 596 fr. Plus d'argenterie, déjà liquidée. La liste est lourde, en comparaison, d'un passif qui monte à 22 146 fr. 23. Document terriblement précieux dont nous ne donnons ici que des échantillons spectaculaires. Seulement dans ce qui reste à vendre. On notera dans la cave-écurie, au milieu des épices, des fûts, des cuveaux, etc., « le cheval avec son équipage estimé à 90 fr. » On tirera de l'étonnant grenier (ah ! ce grenier de la maison Renan, au sol briqueté, à la charpente entremêlée prête à hisser la voile...) un bric-à-brac de bois, de fer, de cuivre, etc., avec aussi « quelques livres estimés 6 fr. » On comptera le linge, 28 draps, 18 nappes, 60 serviettes, 12 taies, 10 rideaux, 8 tapis, etc., avec « un vieux Custer, dit l'aventurier, estimé 100 fr. » Toute une vie se dénoue en se déroulant là, écrasée sous le poids d'un « passif » qui renvoie au beau passé : Meskambellec ou Keranbellec en Plourivo vendus pour 3 879 fr. 05, les deux maisons de Tréguier vendues pour 2 100 fr. ;

marchandises livrées de Granville à Bayonne ; soldes à divers, dont le plus gros, de 6 000 fr., à A. Nicol de Paimpol, etc. Madame veuve Renan se replie deux ans, à Lannion, dans sa famille, avec ses trois enfants. L'essentiel est que les deux aînés aient réussi leurs études. On revient à la vieille maison qu'on a réussi à conserver. Laissons Henriette, Alain étant parti travailler à Paris, venir, quand elle peut, méditer sur son banc de pierre du jardin. Ce jour-là, poings serrés sur ses dix-neuf ans, elle a prêté un double serment : veiller sur le petit frère, ne pas mourir avant d'avoir épongé, jusqu'au dernier centime, ce terrible passif qu'elle reçoit en héritage.

Nous ne sommes pas encore entrés dans la maison, la grande maison qui se vide. Il n'y aura plus d'hommes dans la maison. Il n'y a plus qu'Ernest qui a sept ans, la très grande sœur, Manon la mère. Il n'y aura plus que Manon la mère, Ernest qui a dix ans. Et, dès qu'Ernest, à quinze ans, sera appelé à Paris, il n'y aura plus que la mère. Elle s'est réfugiée dans la chambre-cuisine à l'arrière, là où son dernier est né si tristement. Non dans ce factice lit-clos, le vrai, celui de la liste de l'enregistrement, ayant été proposé à 15 fr. Elle se réfugie encore dans les deux chambres de l'étage, ses « pavillons » comme dit Ernest, d'où elle aime tant regarder tomber sur la rue Saint-André les beaux jardins suspendus du bel hôtel de M. Villeneuve.

Mais sa joie, auprès de laquelle il n'est pas de plus grande, est d'apprendre par cœur les lettres d'Ernest et de lui répondre avec toute son écriture d'illettrée mais que l'amour inonde de toute une culture. Nous avons toutes ces lettres qui, avec celles si hautes d'Henriette l'expatriée sacrificielle, sont toujours un miracle. Son refuge à lui, quand il est là, c'est le « belvédère », sa « mansarde ». Elle est encore assez alerte pour y grimper, mais elle n'ose pas trop. Elle tremble même de le troubler quand il n'est pas là.

Mais alors, cette grande pièce à l'entrée ? Mais c'est le boulanger qui a repris le comptoir. Et toutes ces pièces qu'on dirait s'emboîter ? Mais elles sont remplies de locataires, tous gens très bien, à part les enfants quand ils chenapent dans le grenier. Aujourd'hui, c'est le musée qui occupe la plupart des pièces, contribuant à faire revivre, d'une autre façon, une maison qui fut toujours animée. Où le grand escalier, montant tournant rétrécissant, corde marine tenant, se lève à son tour, nerf de granit, comme une *exaltation* permanente.

L'enfance modèle

3

> « *Aussitôt celui qui avait reçu les cinq talents s'en alla, les fit valoir, et il gagna cinq autres talents*
> . . . .
> *Son maître lui dit : " C'est bien, bon et fidèle serviteur " »*.
>
> (*Évangile* selon saint Matthieu, 25).

Ernest Renan est un cas exceptionnel mais révélateur de ce qu'on appellerait aujourd'hui « les surdoués » et qu'on se contentera d'appeler, tant cette notion de « surdoués » est pauvrement matérialiste, « les enfants modèles ». On peut, sur l'importance des témoignages, y compris venant de lui-même, imaginer cette enfance sans trop d'infidélité ni d'exagération. Or ce qu'il y a de remarquable dans cette enfance modèle de Renan à Tréguier, des années 1830 à 1838, des sept ans traditionnels à ses quinze du départ à Paris, c'est que cet Ernest dont on ferait un futur évêque, puis un cardinal, un pape peut-être, va, en réalité, bifurquer, prendre la direction opposée : n'y aurait-il donc pas, quelque part, insidieusement, quelque démon à travailler ? Mais c'est précisément parce qu'il s'est ainsi reconstruit un autre destin que ce Renan est, ne cessera-t-il de le dire et de l'écrire, resté profondément fidèle à la leçon de son enfance à Tréguier. Car le pli qu'il y a contracté était un « indestructible pli », selon lequel il n'a fait que dérouler la trame de sa vie, conformément à ce qu'il croyait le vrai, le beau, le bien. La pauvreté soudaine qui s'est abattue sur sa maison, sa ville, n'a fait que rendre plus facile l'apprentissage de cette vie, en tisser « d'or et de soie », selon une de ses expressions, la trame. Dans ce Tréguier décapité, replié, vivotant de l'illusion d'un passé révolu, comme retournant aux enfances, du temps du monastère de Tugdual, Ernest a le sentiment vif de vivre dans un enchantement préservé mais en même temps solidifié par toute une atmosphère studieuse et sérieuse.

La première manifestation de cet enchantement pratique est d'ordre affectif, familial, maternel. On sait qu'il n'y a plus d'homme dans la maison, puisque le père est mort quand il avait cinq ans, que le frère aîné Alain va partir, que bientôt ce sera le tour de la sœur Henriette. Répétons combien l'enfance de Renan a été une enfance féminisée, toute en délicatesse. On ne retiendra de la relation de Renan à sa mère, puisque le chapitre précédent l'a évoquée, que sa qualité rare, aux limites du normal, au point qu'il faut se demander s'ils pourront un jour se passer l'un de l'autre, vivre l'un sans l'autre. Mais la relation avec la grande sœur sera également du même ordre. Ce sont les résultats exceptionnels d'Ernest qui l'obligeront, sur la pression de cette même sœur, à se délier des bras maternels. On a l'impression, en lisant aujourd'hui les lettres du garçon de quinze ans à sa mère d'aborder sur une autre planète. Et citons de la mère ces bribes du testament maternel de 1868 : « Reçois mes adieux, et l'assurance que je te quitte pénétrée de la plus tendre reconnaissance des jours heureux que tu m'as fait passer : depuis ta plus tendre enfance, tu étais si gentil et si caressant ! [...] Ne te désole pas, cher Ernest, tu as rempli les devoirs du meilleur des fils, merci à toi cher cœur, mille fois merci. » Est-ce à dire que cette affection, comme plus tard celle d'Henriette qui prend le relais décisif, ne fut pas, à certains égards, castratrice ? Les longues promenades sont toujours partagées, comme les choses intimes. « Attention que ma mère eut de me garder la virginité de la vue », soupire l'homme qui se souvient des jeunes filles trop obliquement regardées. Mais c'est aussi pour cela qu'il n'oubliera jamais la grâce des petites Bretonnes, ni la petite Noémi. Jamais non plus il ne jouait comme les autres, et ceux-ci le traitaient de « Mademoiselle ». Mais rien ne prévalait sur la question quotidienne : « Maman, êtes-vous contente de moi ? ».

Cette enfance modèle est, en second lieu, dominée par l'enchantement scolaire. Ernest entre au collège ecclésiastique de Tréguier en 1832 comme élève externe de la classe de huitième. Il y restera jusqu'à la fin de sa troisième. Quand il n'y a que cela qui compte, les études ; que le collège de Tréguier est réputé pour ses maîtres hors pair ; que les deux disciplines fondamentales y sont le latin et les mathématiques ; qu'il n'y a rien à faire pour empêcher Ernest Renan d'être le premier en tout : comment ne pas parler d'enchantement scolaire ? Mais ce qui ne va pas naturellement sans rigueur et acharnement. Quand les problèmes sont plus ardus que d'habitude, Ernest et son camarade Guyomar font le détour par l'hôpital général : c'est qu'ils ont fait de ses portes cochères un autre tableau noir. Et équations d'y caracoler, figures de s'y déployer : on y retrouverait encore, dira le vieux Renan, leurs traces crayeuses. Mais le rituel était de faire deux fois par jour l'aller-retour par la place de la cathédrale et la venelle de Kercoz. Ô vieille venelle, cette autre veine en mes veines, mon sabot a caressé chacun de vos pavés, et ma main garde en son cœur chaque joue de vos murailles. Les soirs de l'interminable hiver, quand la lumière du bec de gaz transformait ma vieille venelle en voie lactée, il m'est souvent arrivé de croire que le monde se géométrisait devant moi. Ô vieille venelle de Kercoz consciencieuse venelle... L'autre lieu privilégié d'Ernest était naturellement la petite mansarde et son petit bureau. Elle est si là-haut perchée au ciel de la maison que les longues marches se sont usées et qu'il faut une corde pour y monter. Ô petite mansarde de mon enfance, ce pupitre pour visiteurs est faux, mais il est tout comme. Cependant la torsade de cheveux blonds est authentique, que selon l'usage les mères coupaient à cinq ans. Voyez mes palmarès sous la vitrine, c'est là ma gloire et mon soutien. Le soir des prix de ma troisième, mes camarades me couronnèrent et me portèrent en triomphe à la maison. Libre à vous d'imaginer mes étagères de livres impeccablement rangées. Mais j'avoue que me plaît cet aspect monacal qu'on a donné à la mansarde de mon enfance.

Comment, dans ces conditions, l'enfant modèle ne serait-il pas l'homme modèle, un prêtre ? Par Henriette, il obtient une bourse pour Saint-Nicolas de Paris, l'équivalent de notre Louis-le-Grand. Il sera prêtre, non seulement parce que sa mère l'a ainsi consacré dans son cœur, que ses

maîtres, que tout Tréguier l'y voient, mais parce que le catholicisme lui paraît participer du même enchantement sérieux. D'abord la restauration religieuse a donné au prêtre un pouvoir inégalé. Ce pouvoir est particulièrement efficace sur les femmes dont Renan se plaira à dire qu'elles aiment mieux leur curé que leur mari. Et puis comment mettre en doute la vérité de l'Église ? Elle seule possède les paroles de la vie éternelle. La religion reçue par Renan à Tréguier est une religion granitique : d'où son désarroi en arrivant à Paris, au point qu'il se demande s'il s'agira toujours de la même religion. Enfin les détenteurs de cette vérité auront toujours été de conduite exemplaire. L'anticléricalisme lui paraîtra toujours vulgaire. Le sens qu'il a du sérieux de la vie ne pouvait trouver que dans l'Église son épanouissement. Mais tout cela ne va pas non plus sans un certain génie du christianisme. Comment, dans ce pays de saint Yves ne pas être à jamais marqué par le joli mois de mai qui embaume, processionne, carillonne de partout ? « On y nageait en plein rêve », lira-t-on dans les *Souvenirs*. C'est que cet enchantement religieux, émanant des monuments, des gens, de la nature entière, faisait, pour ainsi dire, exploser toute une culture à laquelle il était si intéressant de se confier. Et le parler breton, qu'Ernest pratiquait aussi comme les autres, était l'indispensable complément de cette riche et captieuse particularité.

Ce serait si bien de continuer toujours ainsi, dans un esprit de sainte enfance, où l'enchantement est à base de sérieux, où le sérieux s'enchante de lui-même. Mais redoutable enfant modèle ! L'intelligence est impitoyable qui ne jouit de ce monde que pour le jauger. Dieu nous garde de suspecter un instant la sincérité religieuse de l'enfant Renan, ni ce qu'il dit de la religion ! Mais quel regard portait-il sur ce qui parfois ressortissait à de la mythologie ? Sa passion des études était telle qu'on pouvait se demander si ce n'était pas là que le démon travaillait. « L'esprit scientifique était le fond de ma nature », lira-t-on dans les *Souvenirs*. Il ne s'agit certainement pas là d'une simple réflexion sur le tard, mais le constat d'une disposition manifestée dès l'enfance. De même, d'après le palmarès, la conduite à l'église n'avait pas toujours été irréprochable. Il arrive aussi qu'un effroi le saisisse comme à la perspective d'une fatalité. Pourquoi, par exemple, chaque fois qu'il prolonge ses devoirs de mathématiques sur les portes cochères de l'hôpital général, cette vieille folle de fille du broyeur de lin de Trédarzec dont sa mère lui racontera un jour l'histoire, cette victime expiatoire de l'Église, cette emmurée vivante, lui jette-t-elle son regard torve et menaçant ? Et puis, et puis j'ai envie de me faire un nom ailleurs, comme ce Chateaubriand dont j'ai eu l'*Itinéraire de Paris à Jérusalem* en prix, je m'évade... Ô ma jeune et belle et rebelle Kercoz, emmène-moi danser la vilanelle sur tes rayons de lune, et toi, ô ma haute mansarde mon navire amiral...

Genèse d'une pensée

4

« *Renan n'était plus à Tréguier, mais il était à Sion* ».
(Jean Pommier, *La Jeunesse cléricale de Renan*).

LA TERRIBLE CRISE religieuse qui va amener Ernest Renan à quitter la voie de la prêtrise se situe dans les années 1843-1845, de sa dernière année de philosophie au séminaire d'Issy aux années terminales de théologie au séminaire de Saint-Sulpice. Il se trouve que le séminariste qui, par manque d'argent, n'avait pu revenir à Tréguier qu'aux grandes vacances de 1839 et de 1841, y passera les grandes vacances de 1843, 1844, 1845, c'est-à-dire dans les moments fatidiques de l'histoire de cette crise qui est en train d'accoucher d'une des grandes pensées du siècle. Ainsi, d'un coup, Tréguier se trouve au centre d'un drame qui aura d'extraordinaires résonances. Pour évoquer ces trois étapes, deux lieux vont retenir toute notre attention : la cathédrale, la mansarde de la maison natale. Avec eux et en eux, en effet, « une pensée » s'éveille, se construit pour entrer en insurrection.

De façon étonnante c'est en faisant ses deux années de philosophie à Issy que Renan renoue avec l'esprit de son enfance à Tréguier. Comme si les trois années passées à Saint-Nicolas pour faire ses humanités et sa rhétorique l'en avaient détourné, n'ayant été, tout compte fait, qu'un parcours obligé, une agréable « parenthèse ». Or le propre des années d'Issy est de donner au jeune Renan le sentiment vif que ce qu'il découvrait actuellement en philosophie était en germe, en projet, dans ce que lui faisait découvrir autrefois son environnement. Deux lieux s'imposent d'eux-mêmes, par leur rôle et leur pouvoir symbolique, dans cette correspondance intellectuelle. Renan les associera, dans ses *Souvenirs*, en une formule magique : « Le beau parc mystique d'Issy a été, après la cathédrale de Tréguier, le second berceau de ma pensée ». C'est dire combien le retour enfin à Tréguier aux grandes vacances de 1843 aura été un immense moment de reconnaissance. Au double sens du terme : remerciement à l'égard de, révélation à soi.

Le numéro de *L'Illustration* du 24 février 1923, anniversaire du centenaire de la naissance de l'écrivain, voulait illustrer la formule de Renan en superposant « le cloître de Tréguier attenant à la cathédrale où se forma la vocation religieuse de Renan » et « le parc du séminaire d'Issy : le banc de pierre, sous les charmes, où Renan venait lire et méditer ». Mais il s'agit bien de la « cathédrale » en tant que premier « berceau » d'une « pensée », c'est-à-dire lieu primordial de l'apprentissage philosophique. Seulement cet apprentissage se fait, rencontre d'un esprit et d'un objet d'exception, sur le mode de l'enfance, d'une rêverie créatrice de comportement, d'une musique de l'âme. Toute la part secrète des enchantements de l'enfance modèle est dès lors à réévaluer en ce sens.

De Tréguier à Issy et d'Issy à Tréguier un fil est tendu, maintenu, qui résonne distinctement d'une triple vibration. D'abord celle d'une inaptitude renforcée à tout ce qui est pratique. Renan dira que sa cathédrale l'a pour toujours « faussé ». Ainsi sa pensée s'est éveillée en porte-à-faux. Mais, du même élan, elle se fait « protestation contre ce qui est plat et banal ». Elle est dès lors tendue, irrésistiblement, contre le siècle, dans la mesure où ce siècle vit dans le matérialisme et se complaît dans une religion momifiée. Second mouvement né du premier : tout un « allegro » qui répond à ce principe de l'*exaltation* dont nous avons dit, au début, qu'il était le principe même de la cité-cathédrale. Mais en le ressentant déjà comme « fol essai pour réaliser en granit un idéal impossible » notre collégien en tire sa première leçon de philosophie de l'Histoire, y pressent un modèle à dépasser, un idéal à réaliser. L'ultime musique, en effet, s'entend du cloître merveilleux dont les cordes de pierre vibrent à l'unisson. Comme pour une contemplation de noblesse et de paix. Écoutons les *Souvenirs* : « Je n'étais à l'aise que dans la compagnie des morts, près de ces chevaliers, de ces nobles dames, dormant d'un sommeil calme, avec leur levrette à leurs pieds et un grand flambeau de pierre à la main. » La lumière du jour accompagne les beaux gisants vers une autre lumière. Mais de quelle supra-réalité ces silhouettes lumineuses, cette croisée lumineuse sont-elles le reflet ? De quelle « pensée » sont-elles les signes ? C'est ici, dans ce cloître ouvert sur l'infini, seul endroit pour être « à l'aise », que l'enfant rêveur a entendu leur appel, que sa « pensée » appareille. Mais pour quel naufrage, ou pour quel salut ?

Quoi qu'il en soit, la cathédrale de Tréguier fut vraiment le « berceau » de la pensée de Renan qu'on appellera avec lui « idéalisme ». Il revenait au « beau parc mystique » de remodeler cet idéalisme d'enfance, au prix d'une crise qui devait bientôt exploser, en idéalisme purement philosophique. Le 15 septembre 1842 le séminariste demandait à sa sœur qui s'était expatriée en Pologne d'aller, pour lui, en pèlerinage à Königsberg au tombeau de Kant. Bientôt toute la philosophie allemande vient à lui comme une révélation. Il croyait, dit-il, « entrer dans un temple ». Étonnante réfraction, en effet, étonnante continuité aussi, de la cathédrale de Tréguier au « temple » de l'idéalisme allemand !

De l'été 1843 à l'été 1844, de l'été 1844 à l'été 1845, Renan le sulpicien accomplit sa révolution intellectuelle, à la fois torture sacrificielle et la plus fécondante libération. C'est pourquoi les deux dernières grandes vacances du séminariste à Tréguier vont être des étapes décisives. Et le lieu où « accomplir faut les écritures », notre mansarde, se sacralise de lui-même, « Minihy » aérien, et c'est comme si la perspective lumineuse du cloître trouvait la destination que le héros attendait, une verticalité, rudes marches pour une *exaltation* promise. Mais il aura si besoin d'être seul, pardon à la mère sourcilleuse, d'être seul, il a tellement de travail, il est tellement en travail, seul à seul, il a besoin d'être là-haut avec et en lui-même, hier haut-lieu de l'enfance modèle, aujourd'hui...

La mansarde n'a pas changé, et pourtant rien n'est plus pareil. L'odeur de la pièce autrefois refaite à neuf colle toujours à l'air. Le pupitre

d'écolier attend. Les mêmes fenêtres s'étendent sur les mêmes lointains, la rivière en allée, les coteaux blonds et verts de Trédarzec. Mais il a grandi si vite, pour d'autres livres, d'autres cahiers. Peut-il encore se reconnaître en ces lieux qui ne le reconnaissent peut-être plus ? De l'été 1843 à l'été 1844, il n'est passé qu'un an, mais quelle année ! Il a appris l'hébreu avec une telle facilité qu'il est déjà un spécialiste. Il s'est mis à l'allemand, car les Allemands ont fait de l'hébreu « une science ». Il a fait le tour de la théologie. Cependant que le démon qui se nourrissait secrètement en lui s'est maintenant emparé de lui, s'est révélé être son propre génie, celui de la raison critique, d'une critique insatiable. Mais il n'ose pas en tirer les conséquences, car trop en lui proteste. Il a gagné du temps, en reculant jusqu'à l'ultime instant la tonsure, les ordres mineurs, par abandon pour ainsi dire. Le camarade Liart, qu'il comptait retrouver, s'est fait diacre. Trop rares sont les conseils d'Henriette, du fond de sa Pologne. De toute façon, l'irrévocable est pour l'an prochain. C'est pourquoi cet été 44 à Tréguier est un formidable moment, où, dans une sorte d'illusion de tranquillité, pour forcer à loisir le destin, Renan se livre à un « travail de vacances » dont on a du mal à imaginer l'ampleur. Dans son poêle d'Amsterdam Descartes inventait la philosophie moderne : dans sa mansarde de Tréguier un séminariste de vingt ans réinventait la science religieuse, ô Jérusalem...

Jean Pommier, l'exégète de Renan, a composé un millier de pages, *La Jeunesse cléricale de Renan,* où ces vacances 44 occupent une position phare. Bilan, mises au point, nouveaux plans se bousculent. Étude de la Bible dans le texte, analyse impitoyable au scalpel de la critique et de la science historique : la mansarde est devenue un laboratoire-sanctuaire. Mais comme on est en vacances, le jeune savant s'éclate en traduisant les psaumes, en jouant de l'hébreu, du latin, du français. Et dans sa haute mansarde c'est toute « la sublimité » de la poésie hébraïque qui le remplit. Alors il sent monter du jardin fleuri où frissonnent les longs peupliers tout un monde originel, un christianisme qui renaît à l'Histoire. Mais en même temps toute cette théologie qu'on apprend n'apparaît plus que comme « une cathédrale gothique ». La comparaison est poursuivie dans les *Souvenirs* : « elle en a la grandeur, les vides immenses et le peu de solidité ». Et derrière lui, contre la mansarde, on dirait que la cathédrale de l'enfance n'est plus, dans la nuit qui se creuse, qu'un immense vaisseau désemparé.

Me voici de nouveau au seuil de ma maison. Pour la saison de mon destin, dans le dernier été de mon passé.

Il fait beau en Bretagne, et j'ai le froid au cœur. Il fait bleu en Bretagne, et j'ai la nuit en moi. Je suis un étranger dans mon propre pays. Ma pâleur fait fuir les petits enfants.

Voici, mère, votre fils qui vous aime toujours comme vous l'aimez. Et je suis obligé, ma mère ô mon miroir, de me cacher de vous, mes caresses vous trompent : je ne crois pas assez pour devenir celui que vous rêviez. Voici, mon cher pays ô mon miroir, votre enfant désaccordé. Je me bannis de vous comme vous me bannirez.

Le crabe de la raison me dévore le cœur. En mon cœur saigne le cœur de ma mère et de mon pays. « Tout est chrétien en moi excepté la raison ». J'ai devoir de raison. Accomplir faut le sacrifice.

Hier je suis allé m'incliner sur Guyomar en son lit de terre de Camlez. Je suis revenu par Plouguiel pour m'incliner sur Liart en son lit de terre sur la colline. Ô frères de ma jeunesse, jeunes morts d'Église et de Bretagne, priez pour votre frère.

Hier je suis entré dans la cathédrale pour prier. Il n'y avait, près du pilier, qu'une fille malicieuse aux yeux verts. Je suis passé devant les portes cochères de l'hôpital. La vieille folle me fixa de son regard hilare et triomphant. J'ai tourné le dos à mon collège.

Ô traître Dieu, pourquoi nous avoir donné la liberté ? Ah ! s'il n'y avait que la fatalité, la mer me roulerait sur la grève comme un galet. Mais la liberté m'inspire qui me prend comme la mer.

Ce dimanche matin, les cloches de mon clocher m'ont sonné pour la grand-messe. Ma mère attendait en bas, terrorisée. J'étais debout à ma fenêtre que zèbrait le soleil. Je lisais Faust, *« je touchais Dieu ». Ma tunique me brûlait : « Das Wunder ist des Glaubens liebstes Kind ».*

Hauts murs blancs de ma maison, hauts murs blancs de ma raison ! Si je quitte l'Église qui m'a tant donné ce n'est pas pour devenir notaire ou épicier. Haute raison de ma maison ! « Je veux être le Luther de mon temps ». Ô Jésus, aide-moi. Car il y aura bataille.

L'enfant courait dans la venelle. Il rêvait au bout du cloître. Il volait dans l'escalier. Il s'est jeté à mon cou. Nous ne nous étions jamais quittés.

Cimetière marin

5

« *Le vent se lève, il faut tenter de vivre* ».
(Paul Valéry, *Le Cimetière marin*).

COMME ce lourd été 1845, ce dernier été des vacances du séminariste en Bretagne, n'en finit pas de durer ! Ernest et Manon n'osent même plus se regarder trop longtemps, de peur de briser du bonheur. Ce jeune homme inquiète tout le monde par un délabrement physique et ses esquives. Les bons prêtres, tout Tréguier s'interroge : « mais qu'est-ce qu'il a » ? Il ne sort plus que rarement, enfermé là-haut dans sa mansarde, griffonnant sans fin des

notes dans une langue étrangère. Il est devenu étranger à tout. Sa fébrilité tremble au pas du facteur. Aujourd'hui heureusement ils se rendent lui et sa mère, à Bréhat, cette merveille qu'il aime tant, où il a passé de si beaux moments, et qui est pour lui comme « l'île des Phéaciens d'Homère ». Tante Perrine les attend, la demi-sœur de son père, la sœur de l'oncle Pierre, ce mécréant infréquentable, que le recteur de Langoat avait refusé d'enterrer chrétiennement. Les voilà déjà à Paimpol, dont ils partiront à pied jusqu'à l'embarcadère de l'Arcouest.

La route, l'une des plus fréquentées de nos jours par les touristes, n'était alors qu'un chemin pierreux poussant interminablement à travers la lande. Ô pages inoubliables de Pierre Loti qui dans *Pêcheur d'Islande*, paru en 1886, trois ans après les *Souvenirs d'enfance et de jeunesse*, fera errer par cette même lande la « mamm-goz » (« grand-mère ») qui vient d'apprendre, à l'Inscription maritime, que son petit-fils Sylveste est mort là-bas, très loin, et qu'il ne reviendra plus. Sous le soleil qui tape dur la lande fleurie titube toute la douleur du monde. La mémoire de Pierre Loti tremble encore devant nous quand nous entrons là même où, en ce si lourd été 1845, Ernest et Manon se sont arrêtés pour se reposer de leur fatigue. Certes une bâtisse sans âme a remplacé la vieille église, une route la sépare du cimetière, les maisons d'alentour se sont allégées, l'ossuaire a été transformé. Mais c'est toujours la même croix au pied de laquelle la mère et le fils se sont assis, et sur le mur dit des « disparus » les premières épitaphes ont dû commencer à s'accrocher, tandis qu'au loin la mer, « la mer toujours recommencée », blanchit comme un linceul.

Comment voir ces épitaphes, cette mer sans pleurer tous ces hommes qui « dans le morne horizon se sont évanouis » ? Certes la pêche d'Islande balbutie encore, mais pour quelles proches et interminables dévastations ! Plus bas, à la grève, sur le seuil de Pors-Even, la belle Gaud ne cessera plus d'attendre le grand Yann. Plus haut, sur la pointe, la « croix des veuves » s'immobilise dans sa nuit. Comment la pensée de Manon n'irait-elle pas à son Philibert dont l'anse d'Erquy avait, un soir de septembre 1828, débarqué le corps à moitié mangé par les crabes ? Comment la pensée d'Ernest n'irait-elle pas à ce père qu'il n'avait connu qu'en noir, toute vie s'affolant, mais dont la fatalité mélancolique qu'il a reçue en héritage, il sentait combien il lui incombait d'en faire un foyer d'énergie ? « Dans les premières lueurs de mon être, écrit-il dans les *Souvenirs*, j'ai senti les froides brumes de la mer, subi la bise du matin, traversé l'âpre et mélancolique insomnie du banc de quart. »

Mais comme la longue route était détendante, oublieuse, par rapport à cette halte déjà tendue de silence ! L'échange s'est tu entre la mère et le fils. Celui-ci a ressorti de sa soutane énervée son calepin qu'il ne quitte plus. La page qu'il griffonne alors, que le critique Jean Pommier a proposé d'intituler « Le Cimetière marin de Renan », de quel vertige de néant n'est-elle pas transpercée ! Le titre renvoie moins à un réel cimetière marin qu'au célèbre poème de Valéry. Mais ces strophes diamantées, où ne tremble nulle croix mais que revigore tout un soleil, ne célèbrent-elles pas, en définitive, le pouvoir du langage sur le néant et du vent de la vie sur les morts ? Or ces morts, le jeune Breton les avait là, devant l'œil, ossements à néant dérisoire : « — Au coin une petite maisonnette où sont arrimés les os et les têtes, que les Bretons appellent des *reliques*, qu'on enterre à certaines époques, et autour desquelles passe la procession. — Plus au-dessus, sur des étages des têtes de mort renfermées dans des petites boîtes de bois, en forme de petites chapelles. Devant est une ouverture en *cœur*, et c'est par là que la tête voit le jour. Quelques-unes sont tellement arrangées que leur œil se montre à la portière. Oh ! que je voudrais que ma tête fût dans une petite boîte comme cela après ma mort ! — Chacune de ces tombes a une histoire : d'abord c'est un bras de la croix qui tombe, puis un coup de vent la renverse, puis on l'enlève, puis la pierre se brise, puis on devient relique. Ah ! là est l'infini... » Quel est donc le sens de tout cela, tout cela a-t-il un sens ? Qu'est-ce que tous ces individus-reliques dans l'aventure de l'humanité ? Car l'humanité ne compte que par masses. Ce « trait brun » sur l'immense fresque est peut-être quelque trace de ces anonymes de Bretagne. Mais quel intérêt pour eux ? Tous des « dupes ». Comme les autres, « tous des marionnettes ». Et c'est un jeune clerc ensoutané, qui doit, dans quelques jours, faire le pas décisif au service de l'Église, et qui est en train d'écrire cette page d'ironie désespérée...

Ah ! chère maman, dont cette page que je viens d'écrire pour moi a même oublié votre présence à mes côtés, reprenons la route... Bréhat déjà nous tend son paradis. Il ira, une fois encore, au cher rocher qui lui a fait un creux, et que plus tard on appellera « la chaise de Renan », et, une fois encore, la mer déroulera ses plus belles vagues pour qu'il revoie en rêve les moines blancs des barques celtiques répondre à la croix crépusculaire qui les attend sur son île. Ah ! s'il pouvait, en plus, se projeter dans sa glorieuse vieillesse, un an avant sa mort, où tout Bréhat le couronnera en trois jours de fêtes inoubliables. Un destin ne se construit que sur les souffrances dominées et les sacrifices fatals.

Il se trouve que cette page de Renan, écrite sous le ricanement du cimetière de Ploubazlanec, sera reprise, mais pour en être métamorphosée, dans ses « Pensées de 1848 » qui composent *L'Avenir de la science,* ce livre-manifeste qui ne sera publié qu'en 1890. Conservée au coin de l'ouvrage comme autrefois le petit « trait brun » perceptible dans la grande fresque de l'humanité, elle est là, en réalité, signe d'avant-garde, impulsant l'ensemble. C'est alors, en effet, tout un tableau que l'imaginaire fait éclater de toutes parts. Le premier événement est la réintégration de la mère, dont l'humilité est appelée à « refléter le ciel ». Maintenant, c'est de toute la profondeur du sol que surgit l'Histoire « depuis les anciens jours ». Plus de crânes à la portière pour hypnotiser l'halluciné. Mais voici que monte la croix, que le tabernacle brille à travers les vitraux, que s'équarissent les blocs du hameau, et puis revoici la mer autrefois à peine notée, la mer avec ses « rochers », ses « vagues blanchissantes », et l'envolée oubliée du « vent céleste » qui pousse à pleines voiles vers « je ne sais quelle vague sensation de largeur et de liberté ». Dans cette osmose élémentaire la destinée trace son cours : chaque anonyme a sa part dans l'histoire de son village, de sa patrie, de l'humanité ; chaque anonyme aura sa part dans cette « grande résultante » que prépare « l'œuvre divine du progrès ». Assurément le petit cimetière marin de Ploubazlanec a joué dans la pensée de Renan le rôle pour ainsi dire d'une « mise en demeure ». Mais pour quelle assomption !

En remontant le Trieux

6

« J'aurai rêvé ma vie à l'instar des rivières
Vivant en même temps la source et l'océan ».

(Jules Supervielle,
Oublieuse mémoire).

LE PLAISIR de revoir Bréhat avait-il suffi à dissiper l'effroi du cimetière de Ploubazlanec ? Le plaisir de s'arrêter, sur le retour, à Lézardrieux, fera-t-il mieux ? Ne sacrifions pas ce moment de bonheur. On se retrouvera dans le berceau de la famille paternelle (les Renan y sont encore nombreux aujourd'hui), et l'oncle Gilles, l'armateur, ferait tout pour son petit-neveu Ernest que sa jeune renommée déjà porte si haut. Il lui propose donc, et pour cette fois la mère reste à quai, de remonter le Trieux « jusqu'à l'antique château de La Roche-Jagu » : qui résisterait à l'odyssée ? Triple don, en effet : pure splendeur des lieux, visitation des ancêtres, tout un légendaire à dérouler. Et lui, si savant, ne manquera sans doute pas d'en tirer profit.

Le Trieux est peut-être, avec son estuaire fabuleux où d'entre les îlots brille Bréhat, avec la largeur de son cours et la longue remontée de la marée, la rivière à ria la plus belle de la Bretagne. Il dessine la frontière entre le Trégor, ou pays de Tréguier, et le Goëlo, ou pays de Paimpol. Le choc est d'autant plus vif quand on découvre les rives d'un bateau au fil du fleuve. « Les bords de la rivière sont étonnamment beaux, a aussitôt griffonné le jeune navigateur sur son calepin. Des landes, et des rochers escarpés des deux côtés, arrondis en courbes fort élégantes çà et là, et des marguerites au long cou (personnification populaire de la grue)... » La description s'arrête là. Dès que surgit le miracle de La Roche-Jagu, chef-d'œuvre de château-fort déjà travaillé par le génie de la Renaissance, la notation est aussi schématique : « Au château tout me ravit. Sa position est admirable ». En réalité, Renan a noté l'essentiel. Son émotion était partie ailleurs, du côté des *Souvenirs*.

Comme s'il avait le pressentiment de ne plus jamais revoir ce paysage, on imagine de quelle soif il remplit alors sa mémoire, de quels reflets il l'imprègne. Ainsi, c'était donc comme lui en ce moment, que, sur leur barque primitive, arrivaient en ces lieux les « Renani ». Ils formaient déjà cet « humble clan de laboureurs et de marins ». Fragan, le fondateur du Goëlo, les y conduisait, vers 480. Ils avaient relâché à l'ermitage de Lawret, ou à celui de l'île Maudez, ou peut-être à Bréhat la belle. Mais suivons geste et parole du grand-oncle Gilles : à cette boucle où le Trieux s'étend sur sa plus grande largeur, et c'est pourquoi on l'appelle le « Lédano », sur la rive droite, à « Traou du » (« le vallon noir »), au lieu-dit Kerauzec (oh ! je croyais que c'était Meskambellec ou Kerambellec, mais c'est plus loin...), en Plourivo, vous voyez le bâtiment et les communs, on distingue la grande cave sur la grève, sur le gros linteau il y a les initiales des quatre fils de Pierre Renan, le père de votre grand-père, ils se disaient tous pauvres, mais faut pas croire, regardez ce Renan qui vient de mourir en laissant cinquante mille francs, et vous ne savez pas en faisant quoi, eh bien en attrapant des taupes, oui, mon neveu, il se faisait payer cinq sous par prise, il a dû en prendre des taupes, je vous souhaite, mon beau neveu, d'en prendre un jour tout autant...

Mais déjà l'oncle et le neveu avaient quitté toute cette épopée du clan Renan. Désormais on naviguait dans les légendes. Et si le pilote était inépuisable en la matière, l'auditeur non plus ne s'en lassait pas, qui notait sur le champ les principales. Son ravissement sera complet quand, débarqué et monté au château, il entendra une petite fille jouer, sur le même air, au guide interprète. Car ici la légende éclôt à chaque accident de sol, à fleur de partout. Mais au départ, toujours « un germe vrai » à faire fructifier. Il faut voir alors avec quelle avidité « l'étonnante imagination » des Bretons s'en empare, en fait du pain des rêves, créant de la littérature populaire. Les nombreux morceaux recueillis là par notre voyageur peuvent s'étager ainsi : du début de la christianisation avec le trou de l'Hermite, le bois de l'Hermite, la fontaine de saint Michel, les murs de saint Antoine, la trace du dragon ; du Moyen Âge, château oblige, avec hautaines châtelaines et chevaliers déloyaux ; de l'instant même, été 1845, avec l'épidémie sur les pommes de terre et ses histoires de sort... Morceaux bricolés qui font une petite musique de temps immobile, un leit-motiv de serpents, une magie celtique qui refuse de s'en laisser compter comme cette fille du château qui n'allait pas à la grand-messe, etc. Et toutes ces anecdotes rebondissent, se contestent, on y croit sans y croire, on en jouit. Qui a jeté le sort sur les pommes de terre ? se demandait la petite de La Roche-Jagu. Un mauvais abbé, un chien que ses maîtres voulaient enterrer en terre chrétienne ? « Dès lors, dit la petite, il fallait que le sort tombât sur quelque chose, et il est tombé sur les pommes de terre. »

De quoi oublier sa soutane, que dans quelques jours... À moins que cette histoire de la fille du château qui n'allait pas à la grand-messe ne lui ait été adressée en prémonition ? En tout cas, tout ce qu'il a vu et entendu ce jour-là en remontant le Trieux « jusqu'à l'antique château de la Roche-Jagu » a passionné le jeune clerc, a suscité, comme témoignent ses conclusions, d'importantes remarques qui relèvent d'une « poétique » non négligeable : cette façon de poétiser les lieux illustre, immédiatement, ce qu'il y a de « spontané » dans l'invention des religions, et confirme qu'on ne peut ni ne doit porter sur le monde un regard « physique et vulgaire ». Telle est la leçon de cette remontée, tragédie suspendue, aux sources.

La flèche penchée

7

SPLENDIDEMENT,
sauvagement, intimement découpée à perdre
souffle, la côte de Plougrescant ouvre le Jaudy sur
La Manche, intronise Tréguier. Il est manifeste
que le début de la « Prière sur l'Acropole » a été
inspiré de ce spectacle inoubliable entre le violent
et le joli, entre ce « bord d'une mer sombre, héris-
sée de rochers, toujours battue par les orages » et
toutes ces « baies solitaires » où « les fleurs sont
les mousses marines, les algues et les coquillages

colorés ». Mais pourquoi ce silence de Renan sur cet enclos à si surprenante chapelle qui arrête à l'entrée du bourg ? Que ce soit dans les longues promenades à pied de sa jeunesse, avec, par exemple, ici, son ami Liart de Plouguiel, ou dans les explorations de sa vieillesse, il n'est pas possible qu'il n'ait pas rencontré cette chapelle en son enclos. Qu'est-ce donc cette flèche à la Pise qui penche, qui se penche ? Et cette chaire extérieure au pied du calvaire ? Et cette solide assise romane de l'édifice ? On sera déjà allé chercher la clé dans la maison d'à-côté. Et quand on aura levé les yeux sur la voûte, on aura du mal à les ramener sur terre. Car l'art naïf du Moyen Âge y refait la création du monde. Mais sur terre aussi les yeux ont de quoi : un chef-d'œuvre de bahut de sacristie, un mausolée d'évêque, un sarcophage de granit où repose, dit-on, le corps du bienheureux fondateur du lieu, Gonéry ou Conéry. Or dans sa galerie de saints bretons, qui furent toute sa vie les compagnons de foi d'Ernest Renan, Conéry ou Gonéry tient place d'honneur. Cette présence du saint autorise à s'arrêter à cette flèche penchée en son enclos, qui, par son exception, fait partie du paysage de Tréguier, et qui, par sa figuration, fait partie du paysage de Renan sous le double aspect d'une nostalgie originelle et de la destination idéaliste.

Il faudrait demander à chacun de nous quelle est la maison, au-delà de sa propre maison qui est toujours la plus belle, au-delà de la maison qu'on aurait voulu bâtir, quelle est la maison où, au début de son nom, on aurait aimé apparaître au monde. Renan a déjà choisi : un de ces monastères du christianisme celtique, où... mais oui, c'est chez toi que « j'aurais dû vivre, pauvre Irlande, nourri au son de tes cloches, au récit de tes mystérieuses odyssées ». Mais, à merveilleux défaut, la première maison de Renan serait une de ces innombrables chapelles perdues dans le pays breton et que, dans ses *Souvenirs*, Renan ne finirait pas de dénombrer : « Que si l'on parcourt la campagne, on rencontre souvent dans une seule paroisse jusqu'à dix ou quinze chapelles, petites maisonnettes n'ayant le plus souvent qu'une porte et une fenêtre, et dédiées à un saint dont on n'a jamais entendu parler dans le reste de la chrétienté. » Tenez, un saint à chapelle, comme celui-ci, Renan l'eût pu compter dans sa liste, puisqu'il est de Trédarzec, puisqu'il habite dans le voisinage du manoir où la fille du broyeur de lin sombrait dans la folie, il a un nom tout de même, il s'appelle Votron ou Votrom, personne ne le connaît, il n'est cité nulle part, il n'y a dans toute la Bretagne et nulle part dans le monde d'autres Votron ou Votrom que lui, il paraît tout de même que d'après du vieux celtique disparu il signifierait « sureau », il y a sans doute eu dans les temps antiques, là, un guérisseur au « sureau », il est devenu saint, car tout saint a une fonction pratique, on lui rend culte et il en rend compte, on lui a fait une statue, on l'a mis dans ses murs, des murs solides, à même le sol, comme sortis du sol, d'une telle solidité que cette chapelle des temps antiques a pu être récemment restaurée. Quand le garçon Renan parcourait ainsi les champs et les grèves, c'étaient ces toits sacrés qui l'attiraient, le fascinaient, comme des toits où il y a si longtemps il s'était abrité, où il avait été honoré. Où il entendait les secrets de la terre.

Ce qui n'allait pas sans des risques espérés. Cet Ernest que l'on cantonnerait au compassé en studiosité, au rhumatisé consciencieux, à l'enfant de chœur et de giron maternel, voilà qu'on le surprend troussant la campagne, se créant tout un théâtre à faire peur. On ne peut vivre d'enfance qu'en châteaux hantés, par ogres et croquemitaines. Mais de là à faire jouer ces derniers par des saints bretons sur la scène de leur chapelle ! Voyez d'abord où elles poussent : « toujours solitaires, isolées dans les landes, au milieu des rochers ou dans des terrains vagues tout à fait déserts ». Puis écoutez le machiniste : « Le vent courant sur les bruyères, gémissant dans les genêts, me causait de folles terreurs. » Considérez enfin ces masques (ah ! cette statuaire du Trégor où des artistes florissants maliciaient leur propre effroi en fantasmagories) : « La physionomie étrange, terrible de ces saints, plus druides que chrétiens, sauvages, vindicatifs, me poursuivait comme un cauchemar. » Le salut est de décamper : « Parfois je prenais la fuite, éperdu, comme poursuivi par les génies du passé. » À éprouver telles sensations n'y a-t-il pas de quoi se sentir prédestiné ? Et de rentrer chez soi, bien au creux, la mémoire hantée. Et de prolonger par lectures et par récits, toutes ces histoires de la mythologie bretonne, de cette épopée populaire où se construisait tout un pays. On les voyait construire un monde, ces pieux anonymes autour de Tugdual, Iltud, Cadoc, Conéry ou Gonéry, du grand Ronan que notre héros se plaît à orthographier Renan, qu'il revendique comme ancêtre de son lignage, dont il incarne la première vertu, la sainte Obstination.

Mais alors on comprend pourquoi Renan s'était contenté de citer Conéry ou Gonéry. Ce sarcophage était trop beau pour le saint dont il a bien fait de s'évader. Cette chapelle se massifiait trop puissamment au point d'oublier le sol. Cette voûte faribolait dans le bleu. Cette flèche, qu'on avait eu l'orgueilleuse idée de plomber, allait, selon la revanche élémentaire de la loi naturelle, en s'inclinant, faire s'effondrer la charpente. Les vraies chapelles ne sont pas surhaussées ainsi. La sainteté se vit à fleur de terre, dans la souveraine humilité. La belle flèche moderne de la cathédrale de Tréguier, qui étonne Michelet lors de son voyage de 1831, car « découpée en jeux de cartes [...] contemplée d'en bas elle offre l'aspect effrayant d'un édifice renversé », ce haut clocher de soixante-trois mètres, est-on sûr que Renan à son tour n'en ait pas subi le vertige ? Le gothique ne sera pas son genre. Sur le tertre de Tréguier Athéna veut rivaliser avec la haute flèche en brandissant son olivier. Renan, lui, le regard mi-clos, continue de rêver vers les genêts bruissant à ses pieds.

Il est pourtant une tour qu'il ne peut quitter, dont l'église a été frappée par la foudre, la tour de Saint-Michel. Elle avait été, elle sera toujours pour lui lieu de prodiges. Renan s'était laissé aller à un impossible vœu : que sa dernière demeure fût, non dans une chapelle pourtant, mais au milieu de ce cloître où tant de ses rêves s'embarquaient. Quel effroi ecclésiastique à la nouvelle ! Un grand saint Yves de plâtre y fut dépêché. Le corps de Renan ne sera pas inhumé en Bretagne. Mais l'âme ? Que faire de cette âme, d'une telle âme ? Quelle légende de la mort pour l'âme de Renan ? Un barde breton de ses amis répond à l'angoissante question, car il s'agit de la demeure pour l'éternité, par une fiction que l'écrivain reprend ainsi à son compte : « mon âme habitera, après ma mort, sous la forme d'une mouette blanche, autour de l'église ruinée de Saint-Michel, vieille masure frappée par la foudre, qui domine Tréguier. L'oiseau volera toutes les nuits avec ses cris plaintifs autour de la porte et des fenêtres barricadées, cherchant à pénétrer dans le sanctuaire, mais ignorant l'entrée secrète ; et ainsi, durant toute l'éternité, sur cette colline ma pauvre âme gémira d'un gémissement sans fin : C'est l'âme d'un prêtre qui veut dire sa messe murmurera un paysan qui passe. — Il ne trouvera jamais d'enfant pour la lui servir, répliquera un autre. » Mais quelle est donc cette étrange mouette qui, de la flèche penchée de Saint-Gonéry à la tour désolée de Saint-Michel perpétue ce lancinant va-et-vient ? Miracle : ses cris ne sont plus plaintifs, elle ne heurte plus de barricades, elle ne cherche plus l'entrée secrète. La mouette blanche plane sur la campagne et sur la mer.

Magie des fontaines

8

« *J'ai commencé à aimer les fontaines bleues devant lesquelles on se met à genoux* ».

(André Breton,
Les Champs magnétiques).

EN SOMME, ce qui attire ce fils de marin, cet amoureux des mers lointaines, c'est l'eau intime, la source vive et froide. Ou plutôt cette eau qui ne s'arrête au détour du chemin que pour mieux fixer l'émotion. Ah ! ces fontaines bretonnes dont la modestie fait se courber le voyageur... Certes celles de Renan n'avaient pas l'éclat de ces merveilles rencontrées ailleurs en Bretagne. Mais elles ont, quand le regard y puise, d'autres secrètes vertus. Comme si, de l'une à l'autre, du pays haut au bas pays, se mirait quelque écho de la fontaine primordiale, Barenton en Brocéliande.

Faisons halte auprès de quelques-unes de ces fontaines, celles qui ont marqué Renan parce qu'elles le rappellent d'abord à lui-même. Commençons par les « fontaines d'eau froide [qui] sortent du rocher ». Quand il caractérise les Celtes, ses compatriotes, Renan parle de leur « verte et froide nature ». Une façon de dire combien sa mélancolie est vivifiante, printanière. Il n'est pas de mal né à qui cette eau-là n'offre son miracle. Lorsque le petit Ernest Renan vint au monde, on croyait qu'il ne vivrait pas. Mais la vieille Gode, qui était un peu sorcière, connaissait le moyen de connaître le sort. Elle alla porter la petite chemise à la « mare sacrée » du Minihy. « Il veut vivre, il veut vivre » s'écriait-elle en revenant de son ordalie. « À peine jetée sur l'eau, la petite chemise s'est soulevée. » Dès lors, commente le très sérieux Renan, « j'étais aimé des fées et je les aimais. »

Le pays d'enfance s'ouvre du côté est sur « la vallée du Tromeur où il y a une fontaine très poétique et une chapelle entourée de peupliers ». Elle est là, en effet, toute simple, la source agenouillée dans le talus, bordée d'humbles pierres, dédiée à Notre-Dame de Tromeur. Tous les 15 août les parents y conduisent les enfants pour que l'eau de la Vierge leur donne les forces nécessaires. Le vieux curé avait annoncé la belle fête : « Ha goude an ofern a vo awielet ar vugale » (« Et après la messe seront bénis les enfants »). La chapelle a été restaurée. Mais l'enclos sert aujourd'hui de parking. Le vieux curé s'en va, les enfants s'en sont allés. Mais la source est toujours là, agenouillée, eau encore très appréciée. Et, tout autour, les peupliers continuent de dessiner le bruissement de leurs pinceaux. En évoquant la destinée des édifices religieux, Renan se demandait mélancoliquement s'ils ne seraient plus un jour qu'« un effet de paysage ».

Du côté ouest le pays descendait sur l'autre vallée, une autre fontaine, une autre chapelle. La rivière du Guindy a quitté la marée qui l'amarrait au Jaudy pour ne plus que se promener et cascader en ruisseau champêtre avec son pont romain abritant hérons et loutres, ses moulins et leurs teilleurs de lin. Quand la sœur Henriette publiera à Paris ses premiers articles, elle les signera « Emma Duguindy ». Mais c'est vers les « Cinq-Plaies », la fontaine et sa chapelle, que nous conduira, en cet autre jour d'été 1845, la promenade du séminariste et de sa mère. Il est des lieux qui vous tournent l'âme de travers, surtout des fontaines quand elles provoquent les orages. Les « Cinq-Plaies », au nom prédestiné, sont aujourd'hui un lieu de beauté cicatrisée. Les pierres de la chapelle ont servi à un bourgeois du cru pour construire sa maison. Mais la fontaine a résisté (que d'autres aux alentours ont été enterrées !). Revenons au clerc à la fontaine : il s'est allongé dans l'herbe depuis trop longtemps, il a encore oublié la présence de sa mère, il est plongé dans un livre de philosophie. « Elle me l'arracha des mains, se rappelle Renan ; elle sentait que, si ce n'était lui, c'étaient ses pareils qui étaient l'ennemi de ses plus chères pensées. » Comme si, à ce moment, la mère avait senti saigner en elle toute l'eau de la fontaine.

Mais quand les fées ont baptisé votre berceau, la source la plus chère est celle que porte la hotte de votre cœur. Elle coule en vos veines en fleuve pur. C'est pourquoi, même au plus loin d'elle, vous revient toujours son murmure. La source la plus chère à Renan, sa plus claire fontaine, est celle-là, anonyme et quotidiennement bretonne. En cette année 1865, il vient d'accomplir son second grand voyage en Orient. Cette fois, c'est saint Paul, héros de son prochain livre, dont il a suivi le bateau. Lourde traversée depuis Constantinople. Mais voici que surgit la Grèce lumineuse, qu'Athènes se lève au soleil, que l'Acropole apparaît en effaçant tout le reste. Révélation du divin en nombre d'or. Un hymne en sortira, qui pendant des générations fera délirer la raison : « Prière que je fis sur l'Acropole quand je fus arrivé à en comprendre la parfaite beauté. » Mais relisons le carnet griffonné au crayon où le pèlerin rationaliste a transcrit ses réactions d'arrivée, qui sont celles du Celte éternel. Non, ce ciel est trop dur, ce roc est trop dur, ce marbre est trop dur. On ne prie pas sur l'Acropole, les yeux sont secs. Il me faut du vert, il me faut de l'eau, où l'eau verte ? Seule la source prie, et l'eau de notre cœur. Renan est en extase devant le Parthénon, une des sept merveilles du monde. Et le voilà qui rêve sur son carnet : « Ah ! les fontaines bretonnes sont les plus belles. » La source est intarissable quand, enfant, elle vous a ainsi marqué de sa morsure.

Nous ne pouvons quitter notre clerc à la fontaine, sans nous attarder à celle-ci, qu'il n'a probablement jamais vue, mais qu'il a proprement « inventée », et qui est, avec Barenton du pays haut, la source la plus prodigieuse de toute la Bretagne. Luzel, le folkloriste breton, que Renan aimait tant et aidait tout autant, attire, un jour de 1878, l'attention du maître, sur une curiosité de son pays natal du Vieux-Marché. Là, en effet, à quelques kilomètres de Plouaret, à l'endroit nommé « Stiffel » (« la source »), il y a une curieuse fontaine, située au pied d'un monticule où sur une curieuse crypte-dolmen a été érigée une chapelle dédiée à sainte Madeleine. Sept antiques statues polychromes y sont entassées, d'où le hameau des « Sept Saints », et qui ont des noms qui ne sont pas d'ici : Maximien, Balchus, Martien, Denis, Jean, Sérapion, Constantin. Certes les Bretons bénéficient d'un inépuisable répertoire de saints, mais tout de même ! Et quand ils évoquent ou invoquent leurs sept saints, il s'agit des saints fondateurs de leurs sept évêchés, Brieuc, Corentin, Malo, Patern, Pol, Samson, Tugdual. Renan ouvre les yeux de Luzel : « Vos sept saints sont bien, comme je le supposais, les sept Dormants d'Éphèse. Ce sont exactement les mêmes noms, les mêmes circonstances, la même date (sous Dèce), etc. Cela est curieux, car la légende des sept Dormants ne fut introduite dans les Gaules que par Grégoire de Tours [...] Ce qui a conduit à loger là les sept Dormants, c'est évidemment la caverne formée par le dolmen. Les sept Dormants, en effet, s'endorment dans une caverne près d'Éphèse et ne s'éveillent que 117 ans (on varie sur le chiffre) plus tard. N'avez-vous pas trouvé le « gwerz » (« chant breton historique ») sur les sept saints. Ce serait curieux. N'avez-vous pas trouvé trace de leur chien ? » Luzel trouva le gwerz et l'histoire du chien. Renan consacrera un article dans la revue *Mélusine* à cet événement qui se révélait d'exception : « On a ainsi la preuve que, même à cette époque reculée du moyen âge, où la Bretagne est toute renfermée en elle-même, les grandes légendes qui obtenaient la vogue dans le monde chrétien pénétraient dans la presqu'île en apparence fermée aux influences du reste de la catholicité. » Il reviendra au grand islamisant Louis Massignon de restituer cette histoire du plus beau syncrétisme religieux en Bretagne. Aux VIe-VIIe siècles les Musulmans coupaient par la Bretagne pour aller chercher l'étain en Irlande ; ils emportaient avec eux objets de culte et dieux ; ils s'arrêtèrent au hameau du Vieux-Marché, figés soudain par le génie du lieu : une source à sept trous comme celle qu'ils avaient quittée à Éphèse en Asie Mineure et, sur le monticule surplombant, la grotte-dolmen comme celle où s'étaient enfermés leurs Dormants ; la terre tressaillit, Dieu leur faisait signe et ils installèrent leur culte en ce lieu. Au XVIIe siècle, l'Église récupèrera ce culte pré-celtique (le dolmen), musulman (les sept Dormants) et édifia la chapelle dédiée à Madeleine, la première femme à avoir annoncé la résurrection du Christ. La sourate XVIII du Coran célèbre l'histoire des sept Dormants (et de leur chien) qui est pour les Musulmans le texte fondateur de la résurrection. Depuis le grand travail de Massignon en 1953, tous les ans, le troisième dimanche de juillet, jour de la fête de Madeleine, des cérémonies franco-musulmanes honorent ce haut-lieu de communion religieuse. Massignon n'a jamais oublié ce qu'il doit lui-même, et ce que doit cette humble source universelle, à l'intuition, à l'invention de Renan, ce découvreur inaltérable.

Au Collège de France

9

« *Mais ni Renan, ni le chat Murr*

. . . .

Qu'on doive lire de Tréguier
À Pamaribo... »
(Arthur Rimbaud, *Ce qu'on dit*
au poète à propos des fleurs).

QUELLE IDÉE
nous faisons-nous d'un professeur au Collège de
France ? Nous nous trouvons devant quelqu'un
qui, dans telle discipline, parfois rarissime,
comme celle des langues hébraïque, chaldaïque et
syriaque, a révélé d'incontournables qualités
intellectuelles. Il est présenté, élu par ses pairs et
est nommé par le premier personnage de l'État.
Cette création du Collège de France, exception-
nelle dans les établissements universitaires au

point d'être à part, date de François Premier. Par une sorte de prédestination, l'établissement s'est élevé sur l'emplacement d'un Collège de Tréguier. Lorsque ce professeur a révélé, en outre, des qualités d'organisation, il peut être élu par ses collègues « administrateur ». Il dispose alors d'un appartement de fonction dont la pièce de choix est le bureau. Il arrive généralement que le professeur en question ait une notoriété qui outrepasse sa fonction et qu'on le retrouve alors membre de l'Institut. Et lorsque, ce qui est plus rare, ses dons d'écrivain l'ont appelé à l'Académie française, on salue en lui une sommité intellectuelle. Mais quand cet homme exerce un véritable magistère spirituel sur toute une époque, que ses œuvres et ses interventions passionnent l'opinion, qu'il fait rayonner l'esprit de la France, qu'on est sûr que la postérité ne pourra pas ne pas se souvenir de lui, qu'on lira et discutera encore longtemps ses livres, on reconnaîtra qu'on a affaire à quelque génie. Ce portrait idéal, où toutes les qualités dont nous avons parlé se trouvent réunies, on a compris qu'il renvoie à Ernest Renan.

Pour matérialiser cette extraordinaire promotion de l'enfant de Tréguier, de l'ancien élève du collège ecclésiastique, le musée de la maison natale a reconstitué au premier étage le bureau de l'administrateur du Collège de France. La reconstitution ne manque pas d'allure : certes l'ensemble fait transposé, l'imposante bibliothèque est forcément en trompe-l'œil. Mais par rapport aux autres salles où les évocations de Renan en son temps ont remplacé les locataires l'effet est assuré. Et surtout, de la chambre natale du rez-de-chaussée à la haute mansarde sous les toits, quelle projection d'un destin ! Nous voilà donc dans le bureau de Monsieur l'administrateur qui a accepté de nous recevoir. Nous avons choisi un jour de mai 1992, à la veille du dernier été en Bretagne. Tant de monde est monté ici, de partout. Le maître n'est pas encore arrivé. Sur la table lyre-acajou la chère vieille bible est reconnaissable, sans cesse labourée. Un éventail XVIIIe siècle, des candélabres Directoire, le presse-papier, l'encrier inépuisable, le crayon qui griffonne les notes les plus chères : « se préparer à la mort par silence... mort, longs entretiens avec elle, seul à seul ». La canne dont il ne peut plus se séparer, ayant de plus en plus de mal à marcher, ah ! ces rhumatismes de l'enfance dont on ne guérit pas... Son fauteuil. Sur la cheminée, le buste du doyen Victor Leclerc. Dans un coin son propre buste de Saint-Marceaux. L'air est curieusement saturé de science et de cire cléricale. Mais le maître est déjà là, que vous n'avez pas entendu monter, arriver, lourde souplesse, lourd visage, sourire indéfinissable, patte charmeuse, griffeuse, gros chat... Vous étiez en train d'admirer le tableau à l'huile peint par Ary Renan et qui le

représente dans ce même bureau, comme il est là, assis devant vous.

J'étais venu lui demander de me parler de ses maisons, les maisons d'écrivains m'ayant toujours fasciné. Les murs, les murs aimés, ou détestés, sont d'irremplaçables témoins qui ne demandent qu'à parler. Les lieux, les lieux aimés, ou détestés, ont, eux aussi, tant et tant de choses à dire. Ainsi ce bureau du Collège de France, cette maison du Collège de France, à quelles terribles circonstances devait-il d'y être réintégré ! Au désastre de 1870, écroulement de son grand rêve de l'union entre la France et l'Allemagne... Impossible de faire taire, pendant qu'il continuait de parler ainsi dans la pénombre cirée, les mains croisées sur le ventre épiscopal, le tumulte, remontant à la mémoire, de la leçon inaugurale du 23 février 1862 et qui en fit le professeur le plus éjectable du Collège de France. Car aussitôt nommé, aussitôt suspendu, cours arrêté, procédure de la destitution. L'amphithéâtre était bondé ; trois mille manifestants prêts à en découdre. Des pour, les jeunes en général, des contre, les ultra-démocrates qui huaient l'homme qui avait accepté un tel poste de Napoléon III, les catholiques qui ne pardonnaient pas à l'ancien séminariste d'oser entreprendre une étude rationnelle et critique de l'histoire du christianisme, d'étudier la bible comme s'il s'agissait de l'*Iliade*. « À bas

Renan », « Vive Renan », des gros sous lancés sur l'estrade, etc. Paroxysme à la phrase sur « Jésus un homme incomparable ». Et les collègues terrorisés ne bougeant pas. Et Renan ne cédant pas, transportant son cours dans son petit appartement. Résistant au ministre. Refusant toute transaction. Lançant alors sa fameuse *Vie de Jésus*, le plus gros scandale intellectuel du siècle. Continuant son œuvre, plus déterminé que jamais. En train de l'achever en ce moment même. Tout cela murmurait en moi devant cette revanche des choses. L'heure se passait. J'étais venu l'interroger sur les lieux où il avait séjourné, la Bretagne, la Palestine, l'Italie, la Grèce, Paris enfin, capitale de ses combats. Et je m'apercevais qu'il ne m'avait parlé que de sa maison natale, de son domaine de Tréguier.

Léon Bonnat venait de terminer le portrait qui vous accueille au musée de la maison natale et dont copie se dresse dans la salle d'honneur de la mairie de Tréguier. C'est un Renan vieux, qui va bientôt mourir, lutteur tassé, ongles satanisés, redoutable bonhomie. Mais laissons parler le peintre lui-même : « Dieu, que vous êtes beau ! On dirait un jeune éléphant des bords du Gange. En effet, ses petits yeux pétillant d'intelligence, son large nez ressemblant sans trop de complaisance à une trompe naissante, ses joues tombantes et grasses, qui s'agitaient quand il secouait la tête (...), son ventre épais, ses jambes fortes comme des colonnes et jusqu'à un dandinement indécis dans le mouvement, tout en lui contribuait à donner à cet orientaliste illustre l'aspect du puissant mammifère indien. »

Libre à nous de préférer l'esquisse au crayon faite au même moment par le grand peintre suédois Anders Zorn et qui se trouve également au musée de la maison natale. Le cabinet des estampes de la Bibliothèque nationale conserve la gravure en taille douce pour laquelle la gravure a été faite. Zorn eut une heure pour crayonner son modèle et c'est, rentré chez lui qu'il exécute la superbe eau-forte qui est considérée comme l'un des plus remarquables spécimens de son œuvre gravé. Renan est toujours dans son bureau du Collège de France, devant la cheminée. Mais comme le mouvement de l'artiste a su le saisir, « l'embarquer », pourrait-on dire ! Un Renan tel qu'en lui-même, puissant rameur d'idéal.

Rosmapamon

10

« *Rosmapamon, cet assemblage de syllabes qui a quelque chose d'un peu féerique* ».
(Maurice Donnay dans Léon Dubreuil, *Rosmapamon La vieillesse bretonne de Renan*).

QUAND ON VIENT du bourg de Louannec on voit, dans la descente vers Perros-Guirec, à droite, sur la grève, le camping trois étoiles Ernest Renan, cependant que sur la gauche un panonceau indique « Rosmapamon, chambres d'hôtes ». C'est là, en effet, à Rosmapamon, comme l'indique une plaque récemment apposée à l'angle de la bâtisse, qu'Ernest Renan vint passer, de 1885 à 1892, ses huit derniers étés. Reculée à l'abri du feuillage, la belle maison de maître apparaît, impeccablement entretenue par la propriétaire actuelle Madame Annick Sillard, et le visiteur se demande s'il ne va pas voir surgir, porté par sa canne, le fameux pensionnaire.

Rosmapamon ! Quatre syllabes d'or égrenées en rose des vents et qui signifient, en breton, « Colline du fils Hamon ». On dirait que pour accueillir ce Breton dont la célébrité était faite de la plus haute rébellion, un des quatre fils Hamon, ou plutôt Hémon, héros du mystère populaire le plus joué alors en Bretagne et qui exaltait la révolte contre Charlemagne, avait, quelque soir de bataille, campé en cet endroit. Mais Rosmapamon n'était plus que verte tiédeur, si heureuse frondaison que Renan ne voyait pas d'autre endroit pour construire le purgatoire.

Cela fait quarante ans, si l'on excepte l'escapade de septembre 1868, que Renan n'est pas revenu, n'a pas osé revenir au pays, dans sa ville natale dont il était, reconnaissons-le, interdit de séjour. « Quarante ans ! quel long espace dans la vie humaine ! Que de choses changent en quarante ans ! Mais nous autres, Bretons, nous sommes tenaces... », disait-il dans son si beau discours tenu, le 2 août 1884, à l'hôtel Malo, mais où donc ? Mais à Tréguier. Et pour quel triomphe ! Comme si la fierté, chez les habitants, l'emportait sur tout le reste. C'est aussi que même à Tréguier l'air virait. Le maire actuel n'est autre que Maître le Gac, une vieille relation. C'est lui qui dénicha Rosmapamon. Mais Renan ne veut pas être provocant : Rosmapamon, situé à une quinzaine de kilomètres de Tréguier, lui convient à merveille. Il s'y installe, avec sa famille, l'été suivant.

Non que la location se fît facilement. Pas pour le prix : mille francs de bail avec charges en plus. Ni pour la commodité de la construction : une marche fut même posée à l'entrée pour aider ce rhumatisant à jambes courtes et au ventre lourd (« Va diou c'har a zo berr/Ha ma c'hof a zo pounner ») à en franchir le seuil. Mais comment les cléricaux ne feraient-ils pas pression sur la propriétaire, Madame le Scornet, une si bonne chrétienne ? Mais quand elle vit Renan, qui n'avait pas l'air si méchant, qu'ils échangèrent, reconnaissance suprême, des mots de breton, elle n'y tint plus et signé fut bail. Il est vrai que, selon la légende, quand Renan quitta définitivement la maison, celle-ci fut l'objet d'une désinfection générale à l'eau bénite.

« Notre maison est assez grande, écrit l'épouse Cornélie en s'installant ; j'ai pu l'arranger de façon à la rendre confortable et gentille à l'œil ; le jardin est vaste et bien planté ; on a la vue de la mer à travers le feuillage léger des arbres qui bordent nos domaines. Le pays est charmant, la mer, la campagne, les bois et les prairies. Les gens sont honnêtes et serviables, mais ils parlent peu le

français... » Cornélie a bien raison de parler de
« domaines », la maison de maître, belle construction du XIX° siècle, régnant sur champs et bois à
l'arrière, ferme de « Roc'h gwen » et dépendances,
le ru de Barac'h au loin, en bas, devant le château.
Pas un visiteur qui ne tombât sous le charme.
Ainsi André Theuriet, ce maître des sous-bois, a
remercié Rosmapamon par ce poème-paysage
aussitôt mis en musique par Reynaldo Hahn :

> *« À deux pas de la mer qu'on entend bourdonner*
> *Je sais un coin perdu de la terre bretonne,*
> *Où j'aurais tant aimé, pendant les jours d'automne,*
> *Chère, à vous y emmener.*
>
> *Des chênes faisant cercle autour d'une fontaine,*
> *Quelques hêtres épars, un vieux moulin désert,*
> *Une source dont l'eau claire*
> *A le reflet de vos yeux de sirène.*
>
> *La mésange au matin, sur la feuille jaunie,*
> *Viendrait chanter pour nous, et la mer, nuit et jour,*
> *Viendrait accompagner nos caresses d'amour,*
> *De sa grâce infinie. »*

Rosmapamon était d'abord la Thébaïde rêvée.
On ne peut visiter la maison de Tréguier sans
terminer par Rosmapamon. Nous avons là, en
effet, les deux pendants d'un chef-d'œuvre de vie :

l'enfance et la jeunesse, qui en sont le fondement ; la vieillesse, son couronnement. Ici, à l'étage, à droite, la chambre de Cornélie communiquait avec celle d'Ernest aménagée en cabinet de travail : la canne et la méridienne sont à la maison-musée de Tréguier. C'est là que s'est réalisée la monumentale *Histoire du peuple d'Israël* ; qu'Emma Kosilis a pris revanche sur la fille du broyeur de lin dont la tragique histoire de son amour impossible pour son vicaire a été racontée dans les *Souvenirs* ; que l'inouïe destinée des atomes granitiques de l'Île Grande a suscité l'*Examen de conscience philosophique* où « tout est possible, même Dieu » ; que se sont « détachées » d'ultimes « feuilles » bretonnes ; que tant de lettres sont parties de par le monde...

Rosmapamon, c'est ensuite la grande maison ouverte aux amis. En premier lieu, aux Bretons. Toute l'intelligence bretonne aime s'y retrouver, Luzel, Le Braz, Le Goffic... Loti aussi, le filleul académique, est un fidèle. La grande famille Galloise est de la partie, avec John Rhys et ses étudiants. Les collègues du Collège de France étaient aussi les bienvenus. Il le fut moins, ce jeune homme que lui amena Le Goffic, qui n'y but même pas un verre d'eau, mais qui en tira un pamphlet visant juste, *Huit jours chez Monsieur Renan*, cet impertinent Barrès... Mais voici enfin l'ami de toujours, Marcelin Berthelot. Renan et lui s'étaient rencontrés dans leur jeunesse, ils ne s'étaient pas quittés depuis. Que de promenades ensemble, de dialogues entre les sciences de la nature et les sciences de l'homme !... Ah ! si ces arbres et ce ruisseau qui s'en souviennent nous murmuraient ce qu'ils ont entendu...

Mais Rosmapamon, c'est surtout le havre familial où Renan apprend l'art d'être grand-père. Certes Ary, ce fils qui a mal poussé, lui donne des soucis, mais il peint si délicat. Certes Psichari, le gendre, est un peu trop bel homme, mais il a donné à Noémi trois adorables petits-enfants : Ernest qui a déjà tout le Sahara dans les yeux, Henriette, Michel. Seule Corrie, qui suivra, n'aura pas connu le grand-père, celui qui savait si bien raconter les jolies histoires du vieux pays ou qui en réactualisait à plaisir. Ou à émoi, comme celle du rouge-gorge de Rosmapamon : « Dans nos bosquets chante un oiseau singulier. C'est « l'oiseau qui se scie le cœur ». Quelquefois, il interrompt ses antiennes pour faire entendre un râle étrange : on croirait ouïr le bruit d'une scie allant de haut en bas, et se persuader que le pauvre chanteur ailé, à bout de voix, désespéré, s'est ouvert le cœur, mais avec une scie de diamant aux dents acérées et prodigieusement fines... Et quand ils entendent cette lamentation parmi les écueils, les braves pêcheurs se disent tout bas : — C'est une âme qui émigre de cette vie ! »

Peut-être Renan pensait-il, en ce dernier été de 1892, à ses propres souffrances qui lui tenaillaient le cœur, le paralysaient inexorablement. Il avait fait son travail, il était temps pour lui aussi d'émigrer. Peut-être alors, du cri de sa souffrance, crut-il entendre le glas de cette bonne Notre-Dame de Runan, la Notre-Dame des agonisants, glas sonnant non pour annoncer la mort de quelqu'un, mais pour, aérienne euthanasie, aider l'agonisant à ne pas trop souffrir. Le retour à Paris le 18 septembre fut atroce. Renan mourut au Collège de France, à son poste, là où il voulait mourir. Si les funérailles ne furent pas nationales, car le consensus était insuffisant, elles se firent civilement « aux frais de l'État ». Ce matin-là le XIXe siècle voyait s'abattre son dernier grand chêne.

Athéna à Tréguier

11

« Ma réponse, regarde, elle est là, ciselée
Par l'art de Phidias dans le vif de l'airain.
Ma réponse, ô Renan, c'est ta mémoire ailée
Ramenée en triomphe à l'ancien nid ma-
rin ».
(Anatole Le Braz, *Réponse à la déesse,*
Tréguier, 13 septembre 1903).

LE REGARD du visiteur qui admire la cathédrale de Tréguier ne laisse pas de buter sur le groupe de bronze érigé à son ombre. C'est la statue d'Ernest Renan et l'imposant tertre où il trône, entouré de quatre arbres et d'un long et bas muret, est bien sa dernière demeure matérialisée au pays. Car s'il est enterré dans le beau caveau romantique des Scheffer, la famille de sa femme, au cimetière de Montmartre, c'est ici, sur cette acropole de la ville qu'il a rendue célèbre, qu'il siège, « Ernest Renan né à Tréguier le 27 (mais non, le 28 !) février 1823 », mais privé, contrairement à l'usage, de la conclusion d'une mort inopportune. Il est assis sur son banc, chapeau à côté, en allé sur sa canne, pieds dans les genêts, dos un peu tourné, ventre un peu potent, tel qu'il était apparu à ses compatriotes lors de son retour à Tréguier le 2 août 1884 puisque la photographie prise alors de lui a servi de modèle. Les yeux mi-clos du rêveur éclairent le lourd visage d'ironie bienveillante. Autre surprise du bronze : derrière le philosophe, à sa droite, s'élance, comme pour contrebalancer l'élan de la flèche de la cathédrale, la plus svelte jeune femme, vêtue du double chiton, la poitrine couverte de l'égide écaillée ornée du gorgoneion et bordée de serpents, coiffée d'un casque à sphynge, le bras droit olympiquement tendu vers le ciel et brandissant un dru rameau d'olivier qu'un coup de tempête a cassé pour la deuxième fois et qui pend dérisoirement dans l'indifférence générale. Cette svelte jeune femme, dont pendant longtemps les gens du pays se demandaient plus ou moins malicieusement si ce n'était pas la belle Madame Renan, où quelque maîtresse fouettarde, n'est autre que la divine Athéna-Parthénos que la célèbre « Prière sur l'Acropole » (« Je suis né, déesse aux yeux bleus ») a fait voyager jusque là-haut, au pays vert, à

Tréguier, en Bretagne bretonnante. Cet ensemble est l'œuvre du rennais Jean Boucher, qui a également sculpté le Victor Hugo de Guernesey et le monument aux morts de Verdun. Le groupe repose, en débordant un peu, sur un socle de granit où se détachent trois phrases tirées du maître : « On ne fait de grandes choses qu'avec la science et la vertu — La foi qu'on a eue ne doit jamais être une chaîne — L'homme fait la beauté de ce qu'il aime et la sainteté de ce qu'il croit. »

Le visiteur sent qu'il y a, entre ce groupe Athéna-Renan et le vaisseau chrétien, plus qu'un contraste esthétique plus ou moins heureux, mais un rapport de forces dont il ne pouvait soupçonner la sommation violente. Il suffit pourtant d'écouter le monument. Comme cette trinité scripturaire est libératrice, laïque ! De quelle grâce la déesse de la raison soulève-t-elle la souveraineté libre-penseuse ! On aurait pu, peut-être, choisir un autre endroit que celui-là même où se dressait le reposoir de la Fête-Dieu. Mais justement il fallait dresser la pensée de Renan contre le pouvoir de l'Église, et qu'Athéna ouvrît le ciel de l'avenir. Mais cette contre-Église allait à son tour susciter une autre réaction monumentale. Que le visiteur redescende à présent sur les quais de Tréguier. Il y verra un grand calvaire se déployer, le dernier grand calvaire construit en Bretagne, tout de granit, tout de saints équipé, Brieuc, Tugdual, Yves, Louis roi de France, Jeanne d'Arc et les autres, triple inscription brito-franco-latine « Cet homme était vraiment le fils de Dieu », calvaire de combat, dit de « réparation » ou de « la honte. » En face repose un square où faillit s'élever une autre statue, celle de Marcelin Berthelot, l'ami de Renan, autre maudit. Mais la rue du calvaire en portera tout de même le nom.

Il faut revenir au début de notre siècle, quand la Troisième République établissait son empire sur l'idéologie anticléricale. Émile Combes était alors au pouvoir et c'est sous son inspiration que fut organisée, en pleine bataille des congrégations, la manifestation de Tréguier qu'il convient de caractériser comme un acte politique de première importance. Renan était l'homme providentiel : Breton, ancien séminariste, il avait écrit deux livres fondateurs, *L'Avenir de la science* et *Vie de Jésus*. Il était urgent de récupérer un tel homme. Tous les corps constitués s'y mettent, relayés par les ligues et les instituteurs, épaulés sur place par une municipalité à majorité radicale. Émile Combes, en personne, viendra, le 13 septembre 1903, inaugurer la fameuse statue qui avait été convoyée de Paris « comme un convoi de poudre ». Sous la pluie, protégée par six cents hommes de ligne, catholiques enfermés dans la cathédrale, l'exaltation de Renan eut lieu dans une atmosphère d'émeute. L'année suivante, le jour de la saint Yves, le 19 mai, quarante mille Bretons herminés fêtèrent leur calvaire. Ce qui en ressort c'est que ces événements ne furent pas seulement locaux mais nationaux : le malaise entre l'État français et une certaine idée de la Bretagne où, par-delà la religion étaient défendues une culture et une langue, y trouve son ferment ; d'autre part, un des principes défendus par Renan toute sa vie, la séparation de l'Église et de l'État qui devait être officialisée en 1905, s'y trouve scellée. Mais cet événement, en outre, comme en témoignent de nombreuses relations à travers le monde, fut un véritable ébranlement pour la chrétienté entière.

Il est remarquable que la statue de Renan n'ait jamais été l'objet du moindre attentat dans un pays où la symbolique se vit dans l'état de fièvre. C'est le seul vent qui a cassé le rameau de l'olivier, le sale temps qui a patiné le bronze du monument, le pigeon seul qui l'a ainsi irisoyé, et s'il ne fut jamais, s'il n'est jamais nettoyé, à qui s'en prendre, passant choqué ? Mais voilà que sous l'écume des remous surgit l'essentiel, que cette confrontation monumentalisée entre Renan et l'Église est devenue le symbole visible du dialogue nécessaire entre la folie chrétienne et le vertige de la raison. Athéna, en tout cas, s'est si bien acclimatée à Tréguier qu'elle fait partie désormais de son ciel et de sa mémoire.

Le soleil sous la mer

12

« UNE DES LÉGENDES les plus répandues en Bretagne est celle d'une prétendue ville d'Is, qui, à une époque inconnue, aurait été engloutie par la mer. On montre, à divers endroits de la côte, l'emplacement de cette cité fabuleuse, et les pêcheurs vous en font d'étranges récits. Les jours de tempête, assurent-ils, on voit dans le creux des vagues, le sommet des flèches de ses églises ; les jours de calme, on entend monter de l'abîme le son de ses cloches, modulant

l'hymne du jour. Il me semble souvent que j'ai au fond du cœur une ville d'Is... » Telle s'ouvre la préface des *Souvenirs d'enfance et de jeunesse*, ce livre magique, annonciation du retour véritable de Renan en Bretagne, après quarante ans d'exil. Il était né, comme tout Breton, au milieu de cette légende que l'art et le folklore continuent de perpétuer. Émile Souvestre, que Renan fréquentait à Paris, en avait fait, dans *Le Foyer breton* de 1844 un récit tout romantique. La Villemarqué, futur confrère de l'Institut et que Renan admirait, en fit, pour la seconde édition de son *Barzaz Breiz* (« recueil bardique de Bretagne »), un chant aussitôt célèbre, « Livaden Geris » (« Submersion de la ville d'Is »). L'année même qui suit l'éclatant succès des *Souvenirs*, en 1884, Luminais présente au Salon « La Fuite du roi Gradlon » qui fit sensation : sur la ligne d'horizon la ville d'Is se confond avec l'immensité de la mer ; au premier plan, dans un formidable enroulement de vagues les cavaliers, Gradlon le roi et Gwennole le moine, sont emportés vers le rivage tandis qu'au doigt levé du moine vers le ciel le roi précipite sa fille Dahut dans les flots. L'emprise de la légende sera telle qu'on l'interprètera sur tous les tons et dans tous les genres. Personne ne doute, puisque c'est une légende et qu'une légende c'est vrai, de l'existence de la ville d'Is. On en dispute l'emplacement de la baie de Douarnenez, ce que confirment Histoire, géographie, archéologie, au large des Sept-Îles, de Perros-Guirec à Plougrescant, c'est-à-dire dans la mer de Tréguier. Il n'est personne qui, un soir ou l'autre, n'ait vu la ville d'Is : elle surgit là, au rebord d'une vague déformée par le soleil, dans la soudaine fantasmagorie en rose et bleu de l'horizon, au bout des cheveux blonds de la sirène accrochés au filet. Ou bien force d'or dans les algues de l'inconscient. Ce qui ramène à Renan, qui va à l'essentiel, « au fond du cœur ». Par-delà les strates successives, accumulatives, qui constituent le corps arborescent de cette légende, allons aussi à l'essentiel, à ses origines.

Voici donc les composants fondamentaux : des figures archétypales qui apparaissent à un moment essentiel de l'Histoire de la Bretagne, et de la nôtre. Des trois figures qui surgissent du fond de notre Ve siècle, deux se détachent pour s'opposer : Gwennole, « l'homme de lumière », figure emblématique du pouvoir spirituel, Gradlon, « l'homme plein de son rang », qui représente le pouvoir temporel. La troisième n'a alors que la forme anonyme du mal ici-bas avant qu'elle ne prenne, mais seulement vers les débuts du XVIIe siècle, les traits de Dahut ou Ahès. Quant à l'essentiel moment, il marque le passage d'un monde submergé par les eaux, qui est le monde ancien, à un monde nouveau incarné par le roi sauvé qui rejoint le rivage. Car la permanence de la légende de la ville d'Is repose sur sa force originelle : l'événement de la ville engloutie, thème courant des anciennes civilisations particulièrement maritimes, est, en même temps ici, avènement d'une fondation.

Gwennole et Gradlon sont des personnages historiques : le premier est un moine qui fonda l'abbaye de Landévennec au Ve siècle, le second, comte de Cornouaille, y aura son tombeau. L'hagiographie fera de l'un un saint, de l'autre « roue ar Vretoned » (« roi des Bretons »). Toute la légende repose sur la soumission du roi au saint. Car c'est bien de l'engloutissement du monde ancien par le nouveau dont il est question. Une des constantes de l'aventure d'Is montre, à travers les variations de l'hagiographie latine originelle qui débouchera sur l'invention de « Mystères », ces représentations théâtrales de la culture populaire, l'importance d'un conflit idéologique. Entre le nouveau pouvoir spirituel qui est le christianisme et l'ancien pouvoir temporel qui renvoie au paganisme. C'est même plus que cela : c'est le conflit entre le bien et le mal. Tout ce mal abyssal portait en lui Dahut.

Ce Ve siècle était doublement primordial pour la Bretagne. D'abord, parce que c'est vers ce moment-là que l'Armorique est devenue Bretagne, en référence aux Bretons « transmarini » qui s'y installent. En second lieu, parce que c'est encore vers ce moment-là qu'une transgression marine, celle-là que les géographes appellent « dunkerquienne », a modelé la côte occidentale telle que nous la connaissons aujourd'hui. D'où probablement ce nom à venir d'Is (ou Ys, Yz) qu'on retrouvera dans « Breiz-Izel » qui veut dire « Basse-Bretagne ». La légende n'a acquis telle force originelle, utilisée comme propagande évangélique par les moines, que parce qu'à la fracture de civilisation s'ajoutait une miraculeuse fracture géologique.

La mentalité populaire a toujours, malgré la variante expansionniste du pays de Tréguier, situé la ville d'Is dans la baie de Douarnenez. Ce que confirment les archéologues modernes qui ont exploré d'étranges et antiques cuves au long de la côte, surtout vers Plomar. Elles témoignent d'un passé qui pouvait devenir fabuleux. Dès les premiers siècles, les riches Romains avaient établi en ces lieux, cuves et villas attenant, un véritable complexe industriel. Ces cuves avaient pour fonction de conserver le fameux « garum », sauce à base de sardines et de sel très appréciée des méditerranéens. Pays de sardines et de sel, l'Armorique avait fait de ce coin un Eldorado. Mais la crise de l'Empire au IIIe siècle devait laisser tout cela à l'abandon, suscitant pour les âges futurs une mémoire fantastique. Tout était païen, donc pervers, dépravé dans ce monde détruit et rejeté par l'Histoire. La nature même œuvrait à cet engloutissement. Aux moines blancs d'en faire lever leur parabole. On a voulu, d'après les vies latines de saint Gwennole et d'après les écritures mêmes du sol, comprendre les origines de la légende car elles en expliquent la force d'énergie.

Reste, par-delà toute prétendue science, l'effet produit qui est à la fois de l'ordre de la fascination et de l'insurrection. Fascination des origines marines et célestielles au rythme d'Armorique et de Bretagne, fascination de la sirène réhabilitée, fascination de l'attente, comme si, à chacun de nous, était réservé d'avoir vu, un jour, la ville d'Is. Mais aussi insurrection contre idéologies et croyances que traditions ou manifestes imposent comme seuls vrai et bien, contre la fatalité des mauvais coups, contre la monotonie des découragements comme si, à chacun de nous, était réservé d'avoir, au fond de soi, ce foyer incandescent. Mais pour cela il faut croire à la ville d'Is, notre soleil sous la mer. Pour conclure sur les dernières notes de la préface des *Souvenirs* : « Pour moi, je ne suis jamais plus ferme en ma foi libérale que quand je songe aux miracles de la foi antique, ni plus ardent au travail de l'avenir que quand je suis resté des heures à écouter sonner les cloches de la ville d'Is. »

TABLE
DES
ILLUSTRATIONS

TABLE
DES
MATIÈRES

Remerciements

À LA CAISSE NATIONALE
des Monuments Historiques et des sites pour les
photographies de la maison natale ; à Marie-
France Guillermine-Robin, conservatrice du
musée Renan (20, rue Renan, B.P. 24, 22220
Tréguier, tél. : 02.96.92.45.63) pour sa disponibi-
lité ; au Centre des Correspondances de l'Université de Brest et particulièrement à Nathalie
Guéguen pour son application à traiter ce texte.

CHRISTIAN PIROT

13, RUE MAURICE-ADRIEN
37540 SAINT-CYR-SUR-LOIRE
FRANCE
TÉL. : 02.47.54.54.20
FAX : 02.47.51.57.96

EXTRAIT
DU
CATALOGUE

« **L**ES

lieux que nous avons connus, écrivait Proust, *n'appartiennent pas qu'au monde de l'espace (...) Le souvenir d'une certaine image n'est que le regret d'un certain instant ; et les maisons, les routes, les avenues, sont fugitives, hélas ! comme les années »...*

La collection Maison d'écrivain ne propose pas de visites guidées dans des lieux privés d'âme, transformés en musées. Confiées à des écrivains d'aujourd'hui, et non à des érudits ou à des historiens, ces promenades fraternelles et rêveuses tentent de restituer les atmosphères sensibles qui baignèrent la naissance des œuvres. Les maisons d'écrivains sont avant tout des maisons de mots, et chaque titre de la collection nous convie à retrouver, à travers murs et jardins, la vérité charnelle des livres.

JEAN-MARIE LACLAVETINE

COLLECTION MAISON D'ÉCRIVAIN

Jacques Lacarrière ALAIN-FOURNIER

Alain-Fournier eut trois demeures, deux en Sologne, et une dans le Berry à Épineuil-le-Fleuriel où il passa son enfance. Celle-là fut la plus essentielle car en elle prirent naissance les souvenirs et les premières images de ce qui sera un jour Le Grand Meaulnes, *ce roman d'une adolescence berrichonne aux senteurs de Sologne. Photos de Pierre Schwartz et François Lagarde. Aquarelles de Line Sionneau.*
96 pages. 2ᵉ édition. ISBN : 2-86808-051-9.   85 FF

Marie-Thérèse Humbert SACHÉ
OU LE NID DE COUCOU

Une bonne douzaine de séjours de Balzac à Saché — où il avait même sa chambre — ponctuent une existence de nomade. N'était-ce vraiment que pour la commodité d'être reçu et de pouvoir travailler en paix dans sa Touraine natale ? Quel charme occulte le ramenait donc à Saché ? Photos de Pierre Schwartz et François Lagarde. Aquarelles de Line Sionneau.
144 pages. ISBN : 2-86808-052-7.   89 FF

Jean Joubert RONSARD

La Possonnière, Saint-Cosme. Ronsard, prince des poètes, naquit en Vendômois et mourut en Touraine. Les maisons qu'il habita conservent l'empreinte de ce que furent sa vie et sa poésie : la Possonnière à Couture, le prieuré de Saint-Cosme près de Tours, ainsi que les prieurés de Croiseval et de Saint-Gilles, autant de lieux de paix et de tranquillité où son désir de créer trouva liberté et audace pour cultiver l'amour de la beauté et partager les mots du bonheur. Photos de Pierre Schwartz et François Lagarde. Aquarelles de Line Sionneau.
120 pages. ISBN : 2-86808-038-3.   89 FF

Diane de Margerie   MARCEL PROUST

Marcel et Léonie. Le couple dont je parle ici allie l'auteur (Marcel Proust) à son personnage (« Tante Léonie ») dans l'emmêlement de la réalité et de la fiction. Mais quelle alliance plus forte que celle de Michelet avec la Sorcière, de Gustave Flaubert avec Emma, d'Émily Brontë avec Heathcliff ou de Pierre Jean Jouve avec Paulina ? Quelles maisons, quels lieux plus empreints de vérité que ceux où se vivent leurs liens ? Photos de Pierre Schwartz et François Lagarde. Aquarelles de Line Sionneau.
128 pages. ISBN : 2-86808-060-2.   89 FF

Jean-Marie Laclavetine   RABELAIS

La Devinière ou le havre perdu. Rabelais n'a séjourné à la Devinière que le temps d'en concevoir une nostalgie violente, définitive. La douleur de l'arrachement à ce petit coin de terre utopique donne à l'œuvre son parfum, son alcool. La maisonnette, avec ses trois rangs de vigne, est devenue par la grâce de l'écriture et de la mémoire le centre du cosmos pantagruélien, la Mecque des buveurs illustres et des vérolés très précieux. Photos de Pierre Schwartz et François Lagarde. Aquarelles de Line Sionneau.
128 pages. ISBN : 2-86808-065-0.   89 FF

Allain Glykos   MONTESQUIEU

Hôte fugitif de La Brède. La Brède n'était pas l'unique demeure de Montesquieu, mais c'est ici qu'il venait chercher la sérénité, le craquement des feuilles, un rayon de soleil dans un rang de vigne, l'odeur des chais, l'ombre des carpes autour de son île. Tout cela aurait-il eu autant de charme sans Denise, sa fille ? Elle était son portrait, avec « la grâce en plus et l'âge en moins ». Une jeune fille discrète qui fut peut-être la seule à comprendre Montesquieu. Photos de Jean-Luc Chapin. Postface de Louis Desgraves.
152 pages. ISBN : 2-86808-082-0.   95 FF

Pierre de Boisdeffre   PIERRE LOTI

Pierre Loti n'a pas été seulement un romancier fabuleux, lu dans le monde entier et un grand voyageur, qui a fait plusieurs fois le tour du monde, il a transformé sa maison de Rochefort en musée de l'exotisme et du Temps perdu, éternisé les vieilles maisons de bois d'Istanbul, le Pays basque et l'Île d'Oléron. Ces demeures — et aussi sa vie d'aventurier — revivent dans cet ouvrage substantiel que Pierre de Boisdeffre consacre à Pierre Loti. Photos de Michel Maumon et de la collection A. Sforza. 198 pages. ISBN : 2-86808-099-5.   110 FF

Jean-Claude Bourlès   LOUIS GUILLOUX

Les maisons d'encre. *Plus le temps passe, plus je le visite, et plus je pense que ce pavillon de la rue Lavoisier, à Saint-Brieuc, n'est pas la vraie maison de Louis Guilloux. Le fait d'y avoir vécu plus de cinquante ans et écrit le plus important de son œuvre ne me satisfait pas. Sa maison est ailleurs. Dans la vie quotidienne, dans les rues de Saint-Brieuc. Dans les trains qui l'emmenèrent si souvent à Paris. À moins qu'elle ne soit, de façon définitive dans cette Maison du peuple qui, à vingt-huit ans, le révéla comme l'un des plus grands écrivains de ce siècle... Photos de Jean Hervoche. 144 pages.* ISBN : 2-86808-110-X.   110 FF

Philippe Le Guillou   CHATEAUBRIAND

À Combourg. *Dans la légende de Chateaubriand, Combourg occupe une place déterminante. Ce n'est pourtant ni le lieu de naissance, ni un lieu d'écriture — à la différence de Saint-Malo ou de la Vallée aux Loups. Ce fut, biographiquement, le théâtre de quelques mois d'isolement sous la domination de M. de Chateaubriand père, et plus encore le bastion et le creuset d'une rêverie, d'une folie que l'on appela le romantisme. Philippe Le Guillou nous invite ici à une visite de ces lieux durs et enchantés, parmi les souvenirs et les émois de celui qui y trouva sa vocation d'écrivain, dans les pas du mystérieux revenant à la jambe de bois... Photographies de Jean Hervoche. 152 pages.* ISBN : 2-86808-111-8.   110 FF

Aliette Armel   MARGUERITE DURAS

Les trois lieux de l'écrit. *Marguerite Duras a souvent évoqué l'importance qu'elle attachait aux lieux : les maisons, la forêt, la mer. De la mythique Indochine de son enfance et de l'adolescence, il ne reste que des photographies et le jeu subtil de la mémoire et de l'oubli. En France, Duras a résidé en trois endroits : l'appartement de la rue Saint-Benoît à Paris — qui fut longtemps un haut lieu d'accueil et de fraternité —, la maison de Neauphle-le-Château — séjour baigné d'ombres et de lumières réverbérées par le parc, les arbres, et les eaux d'un étang —, et enfin l'appartement dans l'hôtel des Roches noires, à Trouville — celui-là même que Proust a immortalisé dans* La Recherche du temps perdu *sous le nom de Grand Hôtel de Balbec. Photos d'Alain Guillon. 152 pages.* ISBN : 2-86808-117-7.   110 FF

Sylvie Germain   BOHUSLAV REYNEK

Un nomade en sa demeure (à Petrkov). *Bohuslav Reynek, né et mort à Petrkov (1892-1971), un hameau situé dans les collines tchéco-moraves, appartient à cette race d'artistes dont l'œuvre élaborée dans la solitude, l'humilité et la passion, luit comme une admirable réponse à l'horizon de la question posée par Hölderlin : « ... et pourquoi des poètes en un temps d'indigence ? » Le séjour de Reynek en ce monde s'est déroulé en une époque de particulière et extrême indigence morale et spirituelle, mais lui défia cette misère et refusa de se soumettre à sa fadeur, ne cessant d'arpenter les sentiers délaissés par la plupart des hommes pour converser à mi-voix avec la nature et les esprits des lieux, car il resta toujours à l'écoute du « chant secret, très doux, où le ciel et la terre s'appellent et se répondent. » Photos de Tadeusz Kluba. 144 pages.* ISBN : 2-86808-114-2.   110 FF

Diane de Margerie   AUTOUR DE GUSTAVE MOREAU

La maison des Danaïdes. *Si l'on connaît la peinture de Gustave Moreau, on sait moins qu'il écrivait ses propres commentaires "pour éclairer " le sens de son œuvre. Ces textes — comme autant de lueurs dans la nuit — laissent planer le même mystère que les tableaux. Un mystère* lié à la hantise des crimes perpétrés dans les mythes ou dans la Bible. De là cette Maison des Danaïdes où passent tant de femmes cruelles. Maison où l'on rêve aussi à d'autres créateurs singuliers que Gustave Moreau a inspirés, comme Barbey d'Aurevilly, Oscar Wilde, Fernand Khnopff, Marcel Proust et Victor Segalen. Un essai sur le meurtre symbolique dans l'Art.

176 pages, ISBN : 2-86808-127-4.　　　　　　　　　　110 FF

Denis de Wetterwald　　JOSEPH DELTEIL

Les escales d'un marin étrusque. Sa première maison fut la forêt. À l'âge de quatre ans et demi Joseph Delteil la quitta pour suivre ses parents à Pieusse, sous le soleil des Corbières. Puis ce fut Paris et la vie nomade. Après un succès littéraire et mondain comme on en connut peu dans le siècle, il décida, en pleine gloire, d'aller planter sa vigne du côté de Grabels, près de Montpellier. C'est là que, pendant plus de quarante ans, il recevra ses amis, s'essaiera à la blanquette et, entre temps, écrira quelques-unes de ses plus belles œuvres. Ce livre est une promenade amoureuse dans les paysages « delteilliens » qui furent à tour de rôle des lieux de communion avec la nature, les hommes et la littérature. Photos de Jean-Jack Martin.

144 pages, ISBN : 2-86808-128-2.　　　　　　　　　　110 FF

Dominique Autié - Sylvie Limouzin　　JEAN HENRI FABRE

Maisons, chemin faisant. De Saint-Léons-du-Lévezou en Aveyron, qui le voit naître en 1823, à Sérignan-du-Comtat près d'Orange dans le Vaucluse où, grâce à ses droits d'auteur, il acquiert l'Harmas — la maison de la maturité et du grand âge —, Jean Henri Fabre aura beaucoup cheminé. À l'inlassable observateur du vivant les maisons, dont il ne sera longtemps que locataire, n'offrent que des haltes où la mort lui dispute les siens. C'est pourtant parmi sa tribu, dans la solitude de son cabinet de travail, que l'auteur des Souvenirs entomologiques trouvera enfin le silence, lui que le chant du rossignol importune quand il écrit. Photos d'Alain Guillon.

ISBN : 2-86808-136-3. Parution mai 1999.　　　　　　　110 FF

Jean Balcou   RENAN

De Tréguier. *Pour bien reconnaître Renan, il faut connaître Tréguier ; pour bien reconnaître Tréguier, il faut connaître Renan. C'est à cette double visitation que nous invite ici Jean Balcou dans une série de douze évocations qui sont autant d'échanges entre le génie d'une tradition et une pensée révolutionnaire. De l'acropole de Tréguier un esprit appareille, toutes voiles tendues pour quelle circumnavigation ? Du collège ecclésiastique à Saint-Sulpice, de la cathédrale de saint Tugdual au Parthénon d'Athènes, de la mansarde de la maison natale à la colline de Jérusalem, du Collège de France à Rosmapamon, toute une vie se dessine et s'accomplit dans ce Renan de Tréguier, celle d'un chercheur de vérité inassouvi d'idéal. Photos de Jean Hervoche.*
128 pages. ISBN : 2-86808-132-0.   110 FF

Évelyne Bloch-Dano   CHEZ ZOLA

À Médan. *Par l'auteur de* Madame Zola, *Grand Prix des lectrices de* Elle, *1998. Jamais peut-être, une maison fut à ce point le reflet d'un écrivain, de son univers intérieur, de son esthétique, de son style. Ouvrir les portes de Médan, suivre les lignes souterraines qui mènent de l'intimité au rêve, de la réalité à la création, de l'espace à l'imaginaire, et tenter de découvrir, par le texte et l'image, un autre Zola : c'est ce que nous propose Evelyne Bloch-Dano. Photos de Alain Szczucynski.*
ISBN : 2-86808-139-8. Parution juin 1999.   110 FF

A

CHEVÉ
D'IMPRIMER
LE 26 FÉVRIER 1999
À MILLE CINQ CENT EXEMPLAIRES
SUR PAPIER SOLIDE ET DURABLE
IMPRESSION EN CARACTÈRES TRÈS LISIBLES

IMPRIMERIE "LA SIMARRE" JOUÉ-LÈS-TOURS
FRANCE

CHRISTIAN PIROT
ÉDITEUR